赤いナデシコ

赤いナデシコ

《職業革命家》アーシャの回想録

アンナ・ラーツィス

桑野隆＝訳

水声社

アンナ・ラーツィス，1915年

目次

凡例

一、本書は、「ヴァルター・ベンヤミンの恋人」として知られるアンナ（愛称アーシャ）・ラーツィス（一八九一―一九七九）が、晩年に語った回想録である。翻訳の底本には、Анна Лацис, *Красная гвоздика*, Издание книжного магазина «Циолковский», Москва, 2018. を用いた。

一、本文中の〔　〕は、訳者による補足である。

一、各章のタイトルは、原著にはなく、訳者が作成した。なお、第七章が繰り返され、第十四章と第十五章のあいだに第二十二章が挿入されているが、この点に関する断りは原著にない。これについては「訳者解説」も参照。

一、本書では、底本に収録されている図版を掲載しているほか、一部、訳者が内容に相応しいものとして新たに選んだ図版も掲載している。

わがパートナー、ベルンハルト・ライヒに捧ぐ

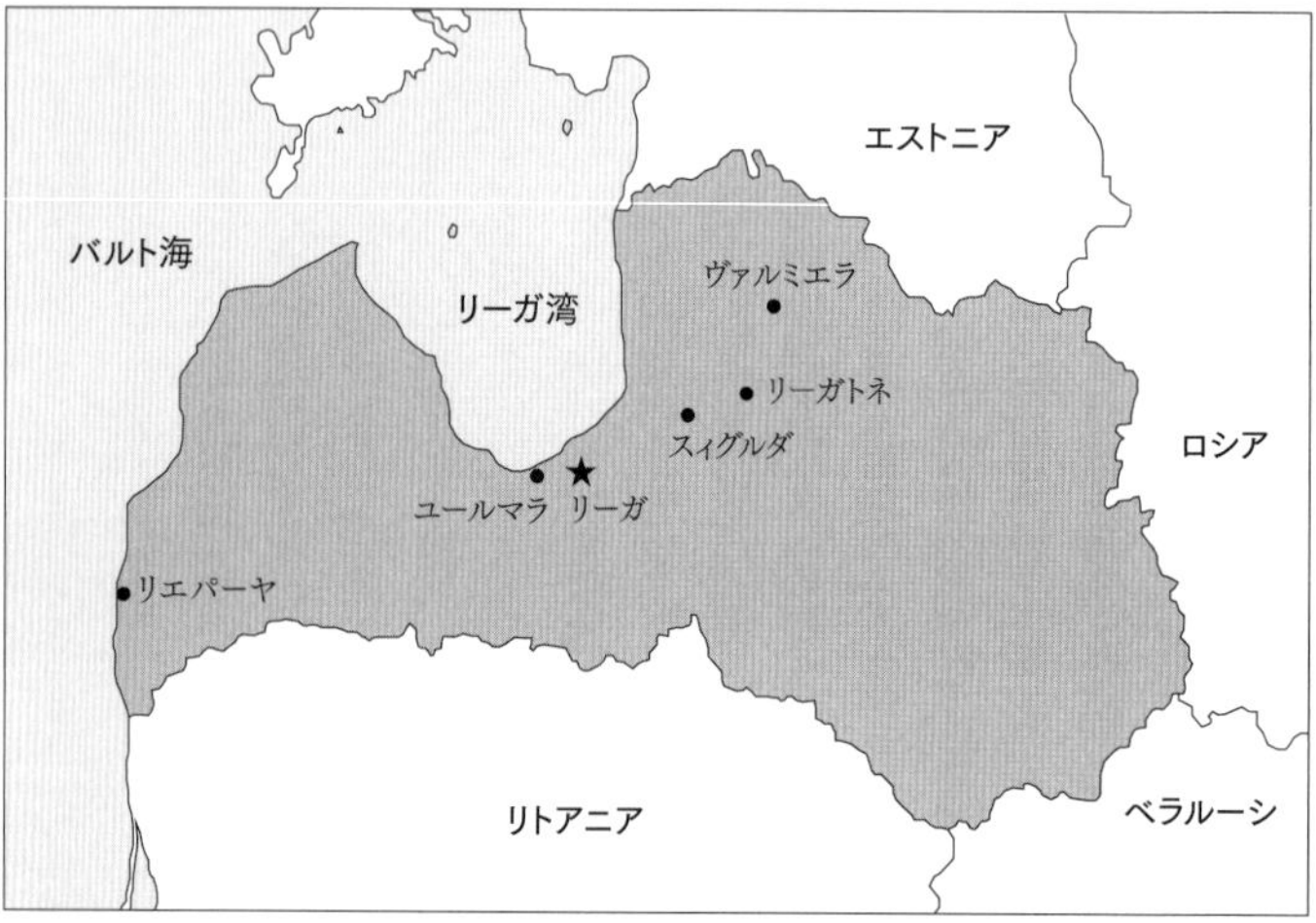

ラトビアの都市

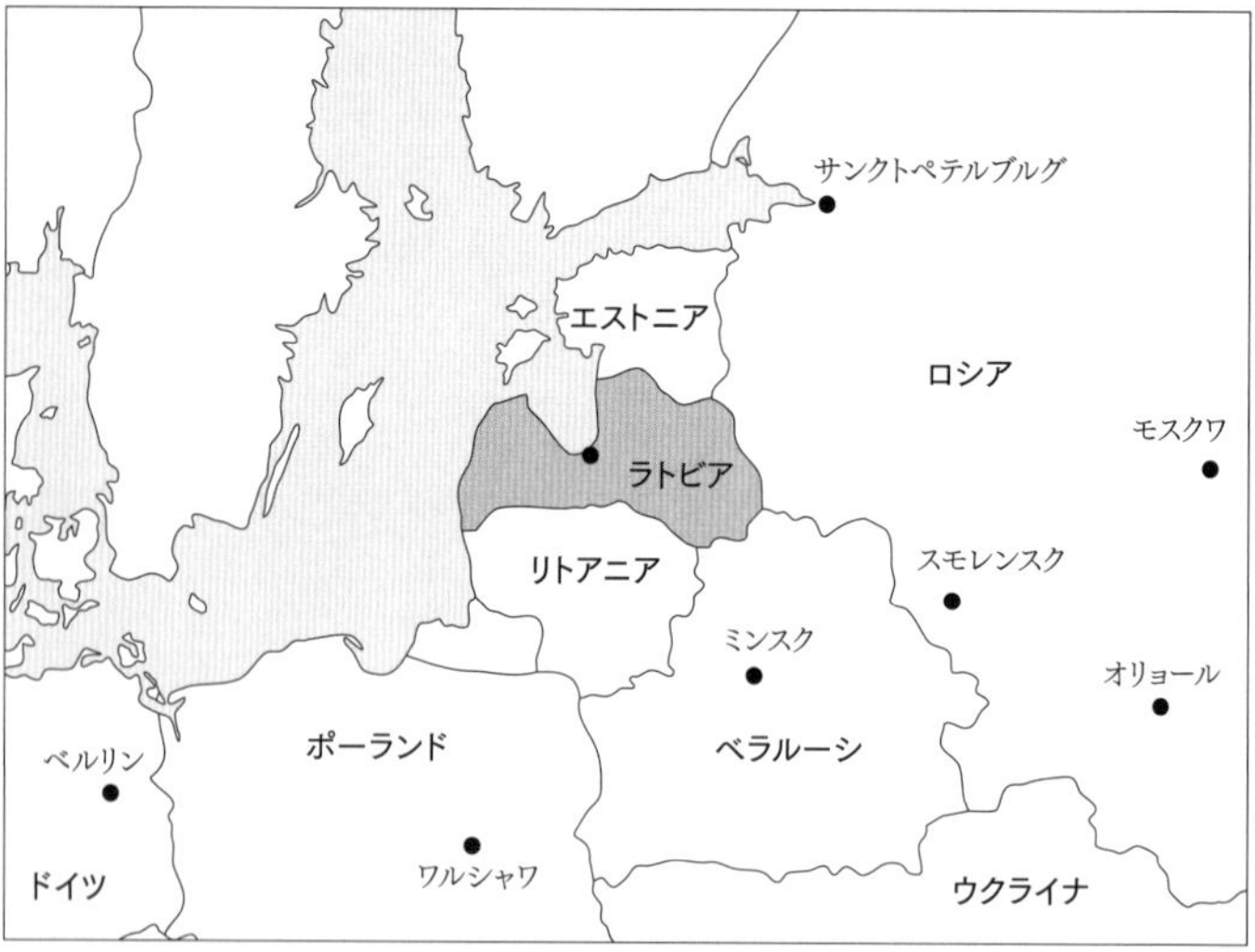

ラトビア周辺の都市

1

オリョール市、一九一八—一九年、児童劇場

一九一八年。わたしは、フョードル・コミサルジェフスキー〔一八八二—一九五四〕の演劇スタジオを卒業したあと、演出家としてオリョール市〔モスクワから南南西三六〇キロ〕の劇場に招聘された。そこには、やや先だって、夫のユーリース・ラーツィス〔一八九二—一九四一〕が、労農防衛ソヴィエトから食糧部代表として派遣されていた。

けれども、演出家としての活動はわたしには物足りなかった。困苦欠乏が蔓延するこの過酷な時代にあって、自分にとっていちばんたいせつなのは、孤児たちにかかわる仕事であると思っていたのである。ベフテレフ精神神経医学大学で得た知識も、この仕事なら役立つにちがいなかった。

そこで、わたしは子どもたちのもとへ赴くことにした。孤児院の子どもたちは、比較的ましな暮ら

しぶりだった。食べ物も、履き物も、服も用意されていた。とはいえ、「幸せな子」と呼ぶにはほど遠い——子どもたちの眼は、すっかり気力を失い、悲しげな表情を浮かべていた。かれらは、子どもらしく生きる時代を奪われていたのである。

かつてゲーテは、どんな子にも天才が隠れていると言った。たとえ天才とまで言わないにしても、子どもには多彩な才能がそなわっている、との確信がわたしにはある。もちろん、能力や才能を認め、育まなければ、それらはついに花開くことなく、おそらく、やがては消えゆくことだろう。わたしは、自身の経験から、すぐれた児童教育は芸術に似ていると信じている。通いの家庭教師や住みこみの家庭教師、そして学校の教師などをしているときに、わたしは理解した。子どもたちに興味をいだかせさえすれば、どんな奇跡も引き起こせることを。実際にやってみてわかったことに、子どもたちに周囲や当人にたいする興味を呼び起こす強い力を持っているのは演劇だった。ロマン・ローランやマクシム・ゴーリキーが演劇を一種の大学と呼んだのも、故あってのことなのである。

わたしは、自分の計画を、市の国民教育課の主任イヴァン・ミハイロヴィチ・ユレーニに伝えた。児童劇場の創設が欠かせないことをあらためて説くまでもなかった。すぐさま同意してくれたのである。

「それはじつにおもしろい。問題は建物だ。なにしろ、市は超過密状態になっており、避難者であふれかえってるからね」

オリョールに到着後、わたしとユーリースは一軒の館を提供された。話に聞くと、ここにはかつてトゥルゲネフの小説『貴族の巣』〔一八五九年〕の主人公たちのモデルが住んでいたらしい（現在そこはト

オリョール, 1907-1909年。市内景観とマリインスキー橋

1910年代。市内景観とオカ川

ゥルゲネフ博物館になっている)。わたしはためらうことなく、この館のうちのわたしたちに提供されている二部屋のうちのひとつと、目下使われていない隣の二部屋を、劇場に当てがうことにした。仕切り壁をとりこわしてみると、かなり大きなホールになった。

ユレーニは、わたしたちのために画家も手配してくれた。モスクワの美術学校を卒業したばかりの若者ヴィクトル・シェスタコフ〔一八九八―一九五七。線画家、画家〕である。かれは、「ぼくはイーゼル画家です」と挨拶した。

わたしはかれに自分の構想を語った。児童劇場という考えはかれの気に入ったようで、翌日には紙と(当時は貴重品であった)色鉛筆を持参し、さっそく授業を開始した。公認のやり方とはちがって、シェスタコフは、子どもたちに模型を描くようなことは教えず、すぐさま子どもたちを郊外につれだし、こう提案した。

「眼に見えるものすべてを描くんだ」

しばらく経った頃、ヴィクトルが告白した。

「じつは、舞台美術家を目ざしたくなりました」

ヴィクトル・シェスタコフとわたしの友情は長いことつづいた。数年後、わたしはベルンハルト・ライヒ〔一八九四―一九七二〕といっしょに、幾度かモスクワのかれのところを訪ねている。シェスタコフは有名な舞台美術家となっており、すぐれた構成主義者のひとりだった。[1]〈革命劇場〉で働いていたが、この劇場は、二〇年代はフセヴォロド・メイエルホリド〔一八七四―一九四〇〕が芸術監督をつとめていた。シェスタコフの影響もあって、わたしは論考「ミザンセーヌの諸問題」(一九三八年)を書いたのだが、

劇『スパルタクス』用にシェスタコフが制作したウスタノフカ〔模型〕，1923 年

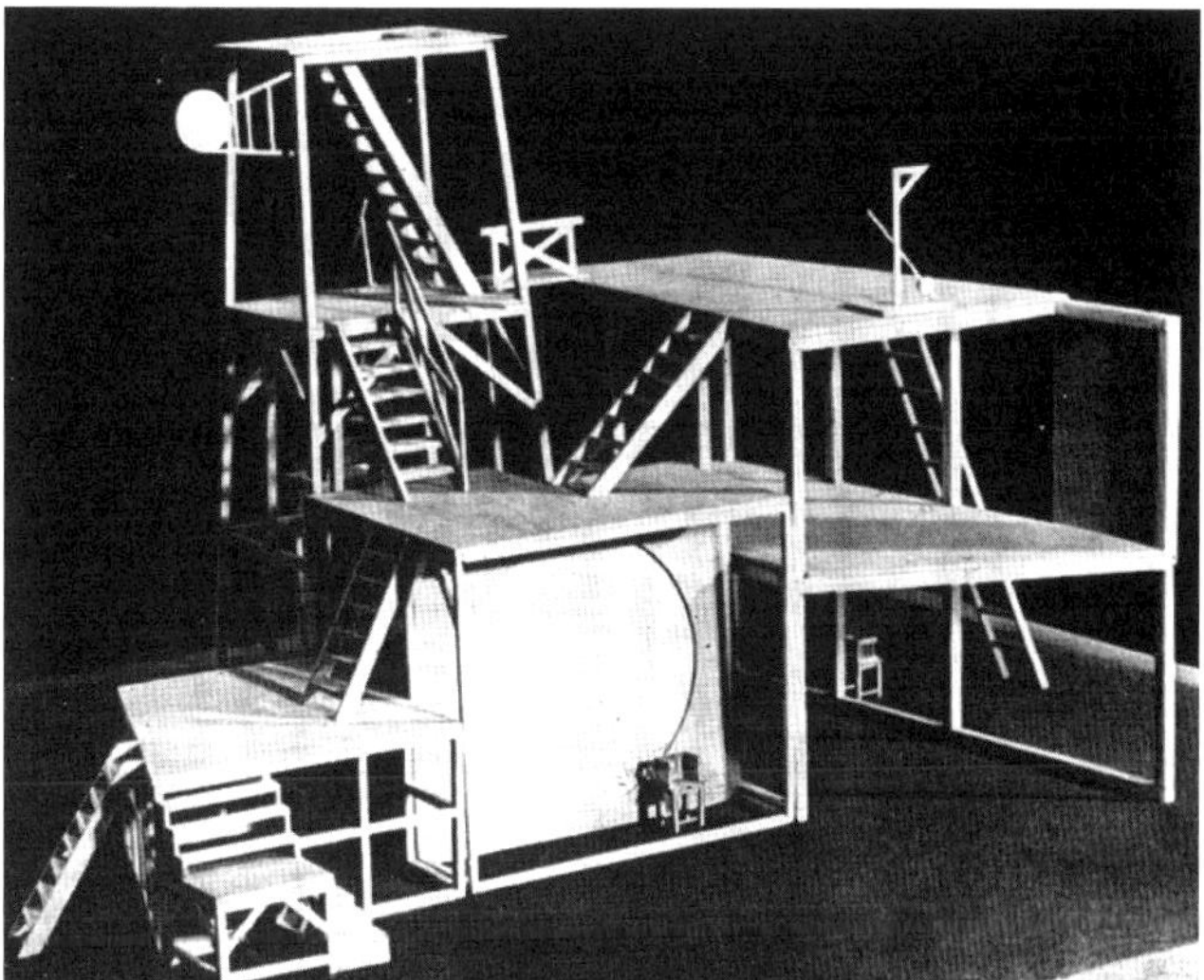

劇『リューリ湖』用にシェスタコフが制作したウスタノフカ〔模型〕，1923 年

その手稿は残念ながら保存されていない。

スタジオは、ピアニストのフォードロフを探しだすのにも成功した。また、ボリショイ劇場の元バレリーナが（遺憾ながら苗字を覚えていない）、自分からすすんで、子どもたちにリズム運動や芸術体操を教えてくれた。

このようにして情操教育児童劇場が誕生したのだった。それは、通常の理解での劇場とはちがっていた。わたしたちが目的としていたのは、子どもたちの生来の能力や才能を見つけだすとともに、想像力や観察力、聴覚を発達させ、さらには機敏さを鍛えあげることだった。子どもの中に詰まっているものすべてが、もっと輝かしく、力強く開花してほしかったのである。絵画や音楽のセクション、コーラスのサークルもつくられた。なかでも劇場の柱となっていたのは、即興劇セクションである。

わたしたちは、いろいろなテーマで、コミサルジェフスキー・スタジオにならって、台詞付きや台詞なしの即興劇を試みたり、音楽付きパントマイムをつくりだした。子どもたちが自分自身に耳を傾けたり、音楽のリズムを聞き分けて身体をリズムに従わせられるようになってほしかったのである。

とりわけ重視したのは観察力の訓練である。子どもたちは、いろいろなものに目を凝らし、それらのあいだに存在していたり、生じつつある結びつきを発見しようとしなければならなかった。観察力が発達していったのは、授業やセクションでの訓練においてだけでなかった。自由時間には公園や森、野原に散歩に出かけた。わたしは、物の色が一日のさまざまな時間や距離のとりかたしだいで変わること、朝と夕べがもたらす音のちがい、そして静けさもさまざまであることなどに、子どもたちの注意を向けさせた。子どもたちに、はるかかなたへとつづく道を指し示したり、遠近法の法則を説明したりした。

子どもたちは、見るみるうちに生気をとりもどし、わたしたちの提案に熱心に応えるようになった。たがいに競いあいながら、なるべくたくさん眼にし、耳にし、語ろうとしていた。

演劇学校の基本は、相互扶助原理にあった。わたしたち教師は、子どもというものは強制やわたしたちの不断の存在を感じるべきではないという点で、一致を見ており、子どもたちは、わたしたちが自分たちと対等であるかのようにふるまうようになった。子どもたちには、なんでも自分の手で獲得しているのだといった感覚が生まれてきていたのである。そのおかげで、みずからの力を確信するようになった。どんなことにおいても助け合うことを学んでおり、ともに責任を負おうとしていた。

劇場にやってきていた孤児院の収容児には、特別な気遣いをする必要はなかった。かれらは眼に見えて生まれ変わっていき、友人たる教師の善意に従えるようになり、教師はかれらを慎重に方向づけ、みずからを発見するのを手伝っていた。とはいえ、浮浪児たちはどうしたものだろうか。浮浪児たちは捕まえられ、コロニーに収容されていたが、放浪癖が身についてしまい、だれにも従おうとせず、逃亡を繰り返していた。

わたしは、だれかひとりでもいいから演劇で誘惑できないものかと期待して、町の市場に通いはじめた。そんなあるとき、わたしは気力をふりしぼって、ぼろを着た小集団に近づいていった。浮浪児たちは、十四歳くらいののっぽのリーダーに全面的に服従しているようだった。のっぽの姿はエキゾチックとしかいいようがないもので、頭にはターバンを巻き、綿入れズボンから汚い綿片が突きでている。

わたしは、市では楽しい児童劇場が開設されており、そこで演じたり、踊ったり、絵を描くこともできると話して、一度見にくるよう誘った。

「ほら、奥さま、あそこの角に児童公園があるでしょ？」ばかにしたようにリーダーがたずねた。

「あちらに行ったほうがいいですよ！」

ほかの者たちがどっと笑った。わたしはもっとなにか言おうとしたが、リーダーが、さっさと失せろとばかりに睨みつけた。

二度目の試みも失敗におわった。浮浪者たちは、杭や鉄棒をふりまわして悪態をつきはじめた。だれかが重い小鉄片をわたしに投げつけたが、リーダーがその「弾丸」を途中でたたき落とし、幸いにも、耳をかすめただけですんだ。

けれどもわたしはひるむことなく、足しげく通っては、少年たちにわたしたちのスタジオにせめて興味だけでも持ってもらえるようがんばった。とうとう、何人かが耳を傾けだした。やがて、浮浪児たちはわたしの訪問に慣れていき、あるとき、日にちをおいてきてみると、驚いたことに、わたしたちは親しい間柄になっていたのである。

他方、スタジオでの活動は順調に進み、子どもたちは習得したものを具体的にためしてみたくてたまらない様子だった。そこでわたしたちは、フセヴォロド・メイエルホリドとユーリー・ボーンジ〔一八八九―一九二六。演出家・舞台美術家〕の共作の戯曲『アリヌル』〔一九一九年。オスカー・ワイルド（一八五四―一九〇〇）の童話『星の子』（一八八八年）を脚色〕を上演することに決めた。この戯曲の主想は、気高いモラルを育むという、劇場の課題に合致していたのである。

わたしとしては、この童話的戯曲を、子どもなりの観察力と想像力の助けを借りて、即興劇風に上

学校の当直室で登録手続きをする浮浪児たち，モスクワ，1920 年代

演したかった。戯曲の展開をいくつかの断章に分解して、個々それぞれの寸劇を演じることにした。子どもたちは、演出家の干渉や指図を感じていないようだった。即興劇は、子どもたちにとって、楽しい遊びであり、魅力的な冒険となっていた。

あるとき、わたしは、寸劇を即興的につくるという課題を子どもたちにあたえてみた。森の中のかがり火のそばに盗賊たちがいて、われ先にと己が「手柄」を数えあげるという寸劇である。わたしたちが開始したとたん、ドアがバーンと開け放たれ、浮浪児たちがなだれこんできた。かれらの姿は異様だった。ブリキとベニヤ板でつくったよろいを派手に着飾り、頭にはボール紙のかぶと、手には自家製の槍と棍棒、綿入れジャンパーからはわざと引っ張りだした綿が四方八方に突きでている。浮浪児たちは部屋の中に文字どおり押し入ってきたので、子どもたちはこわがり、総立ちになり、いまにも四散せんばかりであった。

わたし自身は楽しくてたまらなかったが、大急ぎで教え子たちを落ち着かせた。演技はつづけられた。幼い俳優たちは、想像上のかがり火を囲んで再び腰をおろし、またもや強盗になった。けれども、この子たちはなにを語れただろうか。当然ながら、かれらが話したことはどれも子どもっぽいものであって、ほんものの盗賊の言葉にほど遠かった。

浮浪児たちは小馬鹿にして笑っているだけだったが、突然、リーダーの合図で、雄叫びをあげて輪のなかに侵入してきた。

「さあ、ようく見るんだ、小僧っ子ども。ほんものの盗賊がいったいどういったものかを！」

そして、信じがたいことがはじまった。浮浪児たちが「かがり火」を囲んでころがり、下品な罵言をふりまいたり、ガハハと笑ったり、テーブルに唾を吐きかけたりしながら、——じつに確かに！——己が「手柄」を次から次へと思いだしにかかったのだった。

わたしには、このとてつもない芝居をただちに中断させるべきであることはわかっていた。わたしの中では二つの気持ち、二つの原理が戦っていた。禁止する——けれどもそれでは、浮浪児たちはもう二度とここにあらわれないだろう。見逃して、みだらなことを言いたい放題にする——けれどもそれでは、教育のあらゆる規則に反することになろう。はたしてどうすべきか。わたしは後者をよしとした——最後まで演じさせることにしたのである。

「やつらこそが盗賊であって、おまえたちなんかじゃないんだぞ！」リーダーは余裕たっぷりにほくそえんだ。軽蔑したようにまわりを見まわしながら、徒党はスタジオをあとにしたのだった。

たしかに、わたしは創造性の名のもとに規範をないがしろにしてしまった。けれども、まちがっていなかったことがわかった。数日後、浮浪児たちがまたやってきて、まもなくわが団体の正式メンバーとなったのである。時が過ぎ、一九三〇年代になっても、わたしは以前の教え子たちの多くと文通していた。そのうちのひとりは音楽家になり、ほかの何人かは赤軍に勤務しており、また青シャツ隊〔一九二〇年代初頭から三三年まで活躍した煽動宣伝（アジプロ）演劇集団〕のアンサンブルに加わっている者もいた。

オリョールでは、夫の母や兄弟といっしょに、ラトヴィア難民のエルヴィーラ・ブラムベルガ〔一九〇二―七九〕も暮らしていた。ユレーニは、彼女を管理部門の次長に任命することに賛同してくれた。彼女は俳優としての非凡な才能を持っていることがわかり、わたしは彼女にアリヌル役を演じるよう提案した。「連結環」たるエルヴィーラなしでは、芝居は分解してしまうだろう。わたしはこう確信していたのである。

上演への子どもたちの取り組みぶりは真剣そのものだった。夢中になって衣裳を縫ったり、糊づけをしたり、さらには舞台装置の下絵《エスキース》を描いた。わたしたちは、即興劇のそれぞれをチェックし、検討に付し、欠点やミスを分析しただけでなく、新たな発見もした。そのあとで、試演がおこなわれた。このようにして、ひとまとまりのもの、つまり芝居が構築されていったのである。

『アリヌル』の上演準備ができたとき、わたしは子どもたちにこう言った。

「どう？　準備は楽しかった？」

「はあい！」異口同音に答えが返ってきた。

「ほかの子たちにも上演を見せたいですか」

もちろん、子どもたちは賛同した。

ついに、初演予定の祭日がやってきた。百人ほどの子どもたちが、教師たちといっしょに、衣裳や装置、小道具を手に持ち、歌いながら、オリョールの通りを市の劇場へと向かった。客席は入場制限が出るほどの混みようで、まるで町じゅうがわたしたちの『アリヌル』を観にきたかのようである。ここには子どもも大人もいた。わたしたちは熱狂的に迎えられた。上演は楽しく軽快に進行し、観客も活発に反応し、笑ったり、拍手をしてくれた。

芝居がおわると、わたしたちはメーキャップを落とさず、仮面も衣裳も着けたままで帰途につき、張子の動物たちや小道具も手にしていた。盛りあがった観客の群れがあとにつづいた。通りでは通行人のだれかれも加わり、スタジオに到着するまでカーニヴァル的行進についてきた。まさしく祝祭であり、街頭デモンストレーションだった。「俳優」や観客たちは、なにものにも代えがたい喜びを感じたのであった。

このすばらしいひとときを、わたしは演出家になってからも何度も思いだしたものである。それは、生命の源泉として、わたしの心の糧になっていた。

2

リーガ、ギムナジウム、ベフテレフ大学

さてここからは、これまでわたしがたどってきた道程をふりかえることにして、その出発点までたちもどることにしたい。それは、故郷のラトヴィアや遠き少女時代にあった。

六歳までのわたしは、リーガトネ〔ラトヴィア北部の都市〕近郊の村〔チェムピュ教区〕に住んでいた。父エルネスト・リエピンシュ[2]は手工業者で、なんでも屋だった。裁縫も毛皮精製も室内装飾もやってのけた。稼ぎの半分以上を、本の購入にあてたり、政治犯の援助に寄進していた。信念をもった社会主義者だったのである。父が購入していた本のなかには、ダーウィン、ヘッケル〔一八三四―一九一九。生物学者、哲学者〕、ベーベル〔一八四〇―一九一三。社会主義者〕などの著作があった。

父は、信仰心の篤い母とよく大喧嘩をしていた。有産階級を罵倒し、かれらは貧乏人の血を吸って

いるのだと言っていた。父の話を聞いていると、わたしにはベルグ男爵が想い浮かぶのだった。わたしたちの村の近くに領地を持っていたこの人物は、ひとの血を吸う、まさに吸血鬼だったのである。「吸血鬼」がわが家のそばをとおるとき、母はわたしにかれの手にキスをさせようとしたが、わたしは逃げ、茂みのなかに身を隠したものだ。

　わたしたちの部屋には織機があり、それが住居のほぼ半分を占めており、残りの半分にベッドと石油ランプをのせた小机がおかれ、壁際には編み細工の座部の椅子がならんでいた。ベッドは木製で、マットレス代わりにわらを詰めた敷きぶとんに、手織りの毛布を母がかぶせていた。空き場所はほとんどなかったものの、それでもわたしは織機の背後にちっちゃな一隅を見つけだして、そこで何時間も遊んだ。おもちゃは自前である。ケシの蒴果は人形の頭に、明るい花びらはドレスに見立てた。地面に落ちたクリやドングリは「動物の群れ」に、トウヒの大きな球果は番犬アミスに変身した。わたしの遊びには、織機のガチャガチャ音も欠かせなかった。

　母は、ごわごわした亜麻布を織ったり、質素な丈夫で美しい毛布を織っていた。草木を煮て染料をつくり、織物をさまざまに染色していた。毛布が日焼けしたり、色落ちしたり、褪せることなど、けっしてなかった。

　いつだったか、家にひとり残っていたわたしは、腰のまわりに母の大きなショールを巻いてロングスカート代わりにし、椅子の上にあがって妖精気取りでいた。空想の中でわたしは、自分を取り囲んでいる子どもたちとやさしく話を交わし、かれらにお菓子を気前よくふるまっていた。それは、だいぶあとになってニコライ・エヴレイノフ〔一八七九―一九五三〕の著書『自分自身のための演劇』〔一九一四〜一六年〕で知ることになる、演劇ごっこだった。

父が民衆の祭りにつれていってくれたことがある。滑稽な衣裳をまとい、けばけばしく化粧したペトルーシカ人形を、初めて眼にした。人形は、とんぼ返りをうったり、不器用に両手をふりまわしたり、おかしなことをしゃべっており、まわりのみんなは大笑いだった。家に帰ると、さっそく真似をした。

織機のかげのわたしの狭いコーナーには、意外なもの——窓！——もあった。冬はガラスが凍りつき、ガラスの上に小枝がいくつも浮かびあがったり、ちょっと変わった動物や鳥たちの輪郭を見ることもできた。氷のベール越しに日の光がつらぬいていれば、ガラスの上に谷間や草原、野原もあらわれた。わたしは窓ぎわの長椅子の上に立ち、幻想的な模様に何時間も見とれていたものである。ここには、母が語ってくれたものがなんでもあった——母は、ラトヴィアの民話や伝説をたくさん知っており、民謡も歌ってくれた。

人生で一度だけ母にぶたれたことがある。他人のものを断りなく拝借したせいだった。わが家の近くでは、各家庭がひと畝ずつ所有していた。いつだったか、わたしはニンジンを掘りだして、食べはじめた。わたしのあとを追って菜園にやってきた隣の女の子が、からかいだした。

「あんたのとこのニンジンはまずいけど、うちのはまるでお砂糖！」

わたしは黙ったままその子の畝に近づくと、ニンジンを引っこぬき、そのままニンジンを片手に家に帰ったのである。

「どこからそれをもってきたんだい？」すぐさま母はたずねた。わたしは事情を話した。

「他人さまのものを盗ったんだね?」母の青い眼は怒りに燃えあがった。失望のあまり両手を胸に押しあてると、母は部屋から駆けだした。もどってきたときには鞭を手にしていた……それ以来、生涯わたしは針一本すら無断で拝借していない。

子どもの頃のこの苦い経験を思いだすたびにいつも思うのは、場合によっては子どもを厳罰に処すべきであると記している、ドイツの教育者パウルゼン〔一八四六―一九〇八〕は正しいということである。

わたしが七歳になったとき、家族はリーガに引っ越し、ヴァルミエラ通りの労働者地区で暮らしはじめた。父は工場で働くようになったが、病気がちで、母は生活費をかせぐために小店を開かざるをえなかった。

生活は苦しかったものの、父としては、わたしは教育を受けるべきであると考えていた。母は反対だったが、父はゆずらなかった。ギムナジウムの教育はとても金がかかり、本や制服も買わねばならない。そこで、ギムナジウム入学の準備のために家庭教師がつくことになった。

わたしの教育係を引き受けてくれたのは、アンナ・プペドで、わたしが入学予定のギムナジウムの教師だった。たった一年のあいだに、彼女はわたしを一挙に第二学年にはいれるまでに鍛えてくれた。その結果わたしは、三学年、つまり二年間の予備課程と第一学年を飛び級することになったのである。ケーニンシュ・ギムナジウムがあったストゥチカ通りの建物は、いまも残っている。その建物の入り口近くの階段の脇には、爪の鋭い足にシャンデリアを抱えた大きなヒグマがいまなお変わらず立っていた。

ギムナジウムの雰囲気は、公立の教育機関を支配しているそれとはまったく異なっていた。アティス・ケーニンシュ〔一八七四―一九六一〕校長は詩人であり、その妻アンナ・ケーニニャ〔一八七七―一九五〇〕も文学関係の仕事にたずさわっていた。ギムナジウムには、詩人のカールリス・スカルベ〔一八七九―一九四五〕やヤーニス・ポルクス〔一八七一―一九二一〕、作曲家のエミーリス・ダールジンシュ〔一八七五―一九一〇〕、画家のヤーニス・ロゼンタールス〔一八六六―一九一六〕などがよく招かれていた。一言でいえば、ギムナジウムは、わたしからすれば、学問と芸術の殿堂そのものであった。

新しい生活がはじまり、すてきな友人たちもできた。わたしは、アンナ・プペドの妹で同年配のカーチャと仲良しになった。彼女のお父さんは点灯夫だった。毎晩、お父さんが背中に梯子をかつぎ、仕事に出かけると、わたしとカーチャはよくあとを追ったものである。高い街灯に梯子を立てかけ、段をのぼると、街灯が突然ぱっと灯り、一瞬のうちに周囲は明るく、お祭りのようになる。点灯夫は、わたしたちには特別な人間のように思われた――なにしろ、人びとに光をもたらしていたのだから！

カーチャのお母さんはギムナジウムの教師たちに部屋を貸していたが、ロシア語の先生アンゲリカ・ガイリトもここに下宿していた。わたしは先生のすべてが好きだった。所作も、話し方も、なでつけて後ろでしっかりと束ねたニンジン色の髪も。そのうち、先生にたいする子どもっぽい愛情は、どんどん深まっていった。ラトヴィアの作家ヘラルツ・エルガストが『星の夜』をいう本をだしていたが、そのヒロインはアンゲリカ・ガイリトであることを、わたしたちは知った。みんなは、むさぼるようにこの本を読んだものである。

その当時、すでにわたしは読書に夢中になっており、それも多読で片っ端から読んでいた。アンゲリカ・ガイリトが借りていた部屋には、かなり多くの蔵書があった。ここで、メーテルリンクやプシビシェフスキ、イプセンを初めとする多くの作家の本を見つけることができた。カーチャが、これらの本をひそかに持ちだしてくれた。いまでも、プシビシェフスキの『ホモ・サピエンス』〔一八九六年〕と戯曲『雪』〔一九〇三年〕を覚えている。こみいったアヴァンチュールや「抑制のきかぬ情欲」に魅了されていた。けれどもまさにそのようなときに、メーテルリンクとイプセンの本に出くわしたのである。真の文学とはいったいなにかを理解しはじめた。

四年生のときには、レルモントフの詩の文字どおり虜になり、『ムツィリ』〔一八三九年〕や『悪魔』〔一八二九―四一年〕を丸暗記しただけでなく、戯曲にも魅了された。

こんなエピソードも思い起こされる。いつだったか、数学の先生が病にかかった。教室はがやがやしていた。そこへいきなりドアが開き、アンナ・ケーニニャがはいってきた。「貴重な時間をむだに過ごすのではありませんよ」彼女は教壇にあがりながら言った。「わたしは、みなさんにイギリスの詩人バイロン卿の本を持ってきました」

アンナ・ケーニニャは、詩人の生涯や、詩人が鉱山技師たちを守ったこと、ギリシアの自由を求めて戦うために祖国を棄ててギリシアで死んだことなどを語った。それから、『チャイルド・ハロルドの巡礼』〔一八一二年、一六年、一八年〕を朗読してくれた。わたしは、まるで魔法にかかったかのように詩に耳を傾けた。そのあと、わたしは手にはいるかぎりのこの詩人の本を読み、本屋や古本屋を駆けめぐったものである。作品だけでなく詩人論も読んだ。

高学年になるとわたしは、チェーホフやトゥルゲネフ、ドストエフスキーを読みふけるようになった。ドストエフスキーの作品は比類なき絶品である、といまも思う。哲学への関心も持つようになり、ソクラテスやニーチェ、ショーペンハウアーを読んだ。父はベーベルの著作『女性と社会主義』〔一八七九年〕を勧めた。おなじ頃、アンドレイス・ウピーツ〔一八七七―一九七〇。ラトヴィアの作家〕も初めて読んだ。ウピーツの本には真実味があり、わたしを惹きつけた。かれが描く現実は、私自身が子どもの頃から経験してきたまさにそのものだったのである。

つらかった時期が思いだされることもある。ケーニンシュ・ギムナジウムの生徒の大多数は、企業家や金持ちの店主、銀行員、役人などの子だった。このときほど、自分がみんなと対等でないことを思い知らされたことはなく、憂鬱感や疎外感に苛まれた。

ギムナジウムの生徒たちは制服を着用しなくてはならなかった。褐色のワンピースに黒いエプロンである。たいていの者のワンピースは高価なウールでできていたが、わたしのは、母が安物のサテンで縫ってくれた不格好なワンピースで、エプロンは角がなぜかいつも丸まっており、女の子たちはかたわらを駆け抜けるときに角を引っ張ってはからかうのだった。「うさぎのお耳！　うさぎのお耳！」と。腹は立ったものの、わたしはなにも言わず、聞こえないふりをしていた。

ギムナジウム付属のビュッフェではおいしいものが売られていたが、わたしは誘惑にかられないよう、そこへは行かないことにしていた。もっとも、いくばくかの小銭はわたしも持ってはいた。毎日、母が電車賃として四コペイカ渡してくれていたのである。けれどもわたしは歩いて通い、たまったお金で本を買っていた。わたしはメーテルリンクの『モンナ・ヴァンナ』〔一九〇二年〕を買うことに決めた。ギムナジウムへの道すがら、古本屋の陳列窓のかたわらをとおるたびに、この本をながめていた。亜麻布製の青い装丁で、まだ新しそうで、二十コペイカもした。ようやくのことで、必要な額に達したのだが、ある昼休み時間にビュッフェに立ち寄ったところ、クリームでつくった大きなバラの花がのったケーキが眼にはいってしまった。ケーキはわずか二コペイカである。わたしはがまんができず、エプロンのポケットに手を差し入れた。「モンナ・ヴァンナなんか、どうでもいいわ」とふと思ったものの、この狂おしい誘惑を克服して、コペイカをポケットにもどし、ゆっくりと教室に向かった。同級生のひとりが追っかけてきた。彼女は手に「わたしの」ケーキを持っていた。わたしのエプロンを引っ張りながら叫んだ。「うさぎのお耳！　うさぎのお耳！」

もう、わたしは我慢の限界だった。眼は涙でかきくもり、わあわあ泣いた。

「リエピニャ、どうして泣いてるんだい？」

そばには、ラトヴィア語と神学を教えていた作家のアウグスツ・サウリエティス（一八六九―一九三三）が立っていた。

わたしは泣きじゃくって、一言も発せられなかった。

「さあ、涙をふくんです！」先生は叱った。そしてポケットからメモ帳をとりだし、一枚引きちぎって何か書いたあと、わたしに差しだした。

「明日、わが家にいらっしゃい。これが住所です。でも、いまは授業に行きなさい！」

その日、『モンナ・ヴァンナ』を購入した。それは、わたしのささやかな蔵書のなかで愛読書の一冊となった。翌日、先生のおうちに出かけた。ダウガヴァ川の向こうの木造の家を探しあて、おずおずとドアをノックした。

あけてくれたのはサウリエティス先生ご自身だった。

「きてくれて、感激だなぁ！」

先生の部屋一面に本が散らかっており、壁沿いの棚にも本が並んでいた。

わたしは中へはいると、はにかんで立ちどまった。ほんものの教育者たるサウリエティスは、わたしが固くなってるのにすぐに気づいた。

「リエピニャ、ラトヴィアの民謡や言い伝えをなにか知ってるかい？」

わたしは声をしぼりだした。

「知っています……」

「そりゃすばらしい。さあ、すわって、好きなものをあげてごらん」

わたしは、母が教えてくれた歌をあげた。先生は部屋を歩きまわったあと、棚に近づき、一冊の本を手にとって差しだした。

「どの頁でもいいから開いて、読んでごらん」先生は言った。「大きな声ではっきりと読むんだよ」

わたしは、四行詩――クリシャーニス・バロンス〔一八三五―一九二三〕が蒐集したラトヴィアのすばらしい民謡――を読んでいるうちに、緊張がしだいにほぐれていった。

先生は、わたしが落ち着いたのに気づくと、たずねた。

「じゃこんどは、どうして泣いていたのか、話してくれるかな」

わたしは、くやしかった出来事一切を話した。ケーキのことも、『モンナ・ヴァンナ』のことも、「うさぎのお耳」のことも。先生はていねいに聞いてくださったあと、また本棚に近づき、雑誌を手にとった。わたしには、すぐにそれがなにかわかった。

「これがなにか、知ってるかな？」ずるそうに先生はたずねた。

「もちろん、知っています」わたしはほほえんだ。

先日わたしとクラスの女の子たちは手書きの文芸雑誌を発行し、それを『プレネス（リューキンカ）』と名づけた。そこには、物語や、ロシア語とドイツ語からの翻訳、それにある夜中に逮捕者たちの隊列を眼にしたときの印象をもとに書いたわたしの詩「看守たち」が、載っていた。

「ここに署名がある、〈編集長ヴェートラ〉と。このヴェートラ（嵐）とはだれなのか、知らないよね？」

「ヴェートラとは、わたしです」

サウリエティスはにっこりした。

「ヴェートラ！　なのにあんなにも泣いて！　ほかのクラスもこんな雑誌を発行しているのかな？」

「わかりません……してないんじゃないでしょうか」

「じゃ、だれがこれを発行するよう提案したのかな？」

「わたしです」

「これでよくわかったよ。からかったりエプロンを引っ張ったりする連中よりもきみのほうが才能豊かだってことが」かれは言った。「メーテルリンクをケーキよりも好んだってことも、憎いね。アンヌイニャ〔アンナの愛称〕、覚えておくんだよ、愚か者がきみを侮辱したとしても、腹を立てるに値しないってことを。ばかなことをやめさせる方法を考えてあげたほうがいいよ」

わたしはこの忠告を肝に銘じた。翌日、同級生のひとりが「うさぎのお耳！」と叫んだとき、わたしはあざ笑うように返してやった。

「どうってことないわ、エプロンにうさぎの耳があったって！　鏡を見たほうがいいんじゃない。うさぎの耳を持っているのは、あなたじゃないの！」

女の子はろうばいした。まったくおなじ手で何人かの侮辱者をやめさせるやいなや、わたしはからかわれなくなった。

サウリエティス先生は、自分の力にたいする信頼を植えつけ、自身の身の守り方を教えてくださったのである。しだいにわたしのなかに不公正にたいする抵抗心が目覚めはじめ、高学年時はギムナジウムの教師の何人かに公然と反対までした。わたしは自分を精神的に豊かであると感じていた。イプセンやメーテルリンクのほぼすべてに通じ、ドストエフスキーも読んでいた。

わたしは、ときおりブルジョア家庭を訪れては、プチブル的エチケットのばかげた規範がそこを支配していることを眼にしていた。こうした約束事の一切を軽蔑していたわたしは、礼儀作法にかなった奥様方からすればとんでもないことに、こうした規範に反する行動をとることがよくあった。当時のわたしは、プチブル的環境と縁を断とうとしているイプセンとその主人公たちに夢中になっていたのである。そんなあるとき、『ヘッダ・ガーブラー』〔一八九〇年〕や『棟梁ソルネス』〔一八九二年〕の影響もあって、わたしはハサミで靴下に大きな穴を開けてギムナジウムに出かけた。

「いったいどうしたの？　靴下がやぶけてるじゃありませんか！」驚愕して先生は大声をあげた。

「まあ、先生は靴下の穴はお好きじゃないんですか?!　生徒の心の中で生じていることには無関心なくせに！」むきになってわたしは反論した。

かなり早い時期から、わたしは世界を眼にし、別の生活を知ろうとしていた。見知らぬ都市や人びとに誘惑されており、旅立つ列車や汽船を平然とながめていることができなかった。到着したばかりの列車に飛び乗って気の向くままに出かけたくてたまらなくなり、旅行資金をためはじめた。六学年終了後（いまの制度では八学年）、休暇で解放されると、わたしは一大決心をした。いくばくかの小銭をつかみ、だれにも告げないまま、駅へと向かったのである。プラットホームには列車が停車しており、いままさにワルシャワへと出発するところだった。よく考えないままチケットを買い、席に着いたとたん、列車が動きだした。こうして、わたしはポーランドの首都ワルシャワにたどり着き、乗客の群れといっしょに広場へと出た。出てみると、おじけづいてしまった。広場は轟音をたてており、人びとがどこかへ駆け去っていくなど、とてもあわただしい。わたしはたたずんだまま、喧噪におののいて、すぐにでもリーガに帰らんばかりだった。

*

いくらか慣れてくると、壁に近づき、そこに掛かっている掲示をながめやった。そのうちのひとつがわたしの眼にとまった。「女性家庭教師会館が、ドイツ語のできる家庭教師を探しています」。ドイツ語はギムナジウムで学んでおり、会話は得意でなかったが、読み書きはまあまあできた。意を決して、住所をメモした。

辻馬車で（なけなしのほぼ最後の金をはたいて）大邸宅にたどりついた。玄関の階段をのぼり、べルを鳴らした。ドアはあけたのは、すてきな身なりの女性だった。

「こちらは家庭教師をお探しでしょうか？」

「中へどうぞ」彼女は部屋へわたしをとおし、コーヒーとパンをだしてくれた。そして、ドイツ語とポーランド語をごちゃまぜにしながら、今日明日に必要なわけではないので、しばらくワルシャワを見学できますよ、と説明してくれた。まるで夢見心地だった。わたしが何者で、どこからきたかも、しかるべく細かく聞かないままに、わたしは受けいれられ、食事もいただき、仕事まで約束してくれたのである。

　翌日、わたしはエルサレム通りに出て、街をわくわくしながら見てまわり、のんびり散歩をした。ポーランドの画家たちの絵の複製を飾った陳列窓に釘付けになってしまった。リーガでラトヴィア人画家のヤーニス・ロゼンタールスとヴィルヘルムス・プルヴィーティス〔一八七二─一九四五〕の絵を見たことがあったが、それ以外の画家の絵はハガキでしか知らなかった──絵ハガキだけはたくさん持っていた。初めての給料をもらったら、ここの絵ハガキセットを買おうと決めた。そのあと、わたしは母に電報を送り、いまどこそこにいて、夏休みのあいだは家庭教師として働くつもりであることを知らせた。

　その三日後、わたしは大広間に呼ばれた。市の病院の医長が、わが子たちのための家庭教師を探していたのだ。こうした事情を説明したのは、医師の命を受けてやってきていたロシア人学生だった。

　半幌馬車が堅牢な邸宅のまえに停まり、学生がわたしを奥様に紹介した。彼女はわたしにゾロークンなドイツ語で話していたが、そのあと「ヤーシ！　スターシ！」と叫んだ。

二人の男の子があらわれ、礼儀正しく挨拶をした。

「こちらがあなたたちの新しい家庭教師ですよ」奥様は言った。そのあと食卓に着いた。ご主人――陰鬱で、不愛想なひと――も姿を見せた。食事の間、わたしは一回うなずいたきりで一言も発しなかった。食事がすむと、奥様は、子どもたちとはドイツ語だけで話すようにと念をおしたあと、わたしを自由にした。

わたしたちが再び食卓を囲んだとき、ご主人がニンジンを指さして、いきなりたずねた。

「先生、ニンジンはドイツ語でなんと言いますかな？」

わたしはろうばいし、どうしても思いだすことができず、冠詞と語尾をそえたうえでラトヴィア語の単語を発した。

「ディー・ブルカネン……」

その夜、かれは分厚い辞書を開いて言った。

「先生、ニンジンはドイツ語で〈モオルリュベ Mohrrübe〉ですよ」

わたしはただちに機転をきかせた。

「あのう、どの国にも、わがラトヴィアとおなじように、標準語のほかに方言が存在します。おっしゃるとおり、ニンジンの標準的な名称は〈モオルリュベ〉でございますが、平民はそれを〈ディー・ブルカネン〉と呼んでいます」

自分の説明にご主人は満足したようだった。

ところが翌日、一切はご破算になってしまった。子どもたちをつれて労働者地区へ散歩に出かけたところ、地区の子どもたちが凧揚げをしながら楽しげに遊んでいた。ヤーシとスターシも大喜びで、同い年の子たちとポーランド語で話していた。けれども、わたしたちが帰宅して食卓に向かっていた最中に、ヤーシが、母上が跳びあがるほどびっくりするような言葉を発し、ご主人は顔を真っ赤にしてわたしをにらみつけた。

「どこへ子どもたちをつれていったんだ？」

わたしは説明した。

「けしからん！」ご主人は叫んだ。「貧民どもと遊ばせるとは、なんてこった！　やつらは乱暴で野蛮だ！　一度遊んだだけで、もうわが子たちは下品な言葉を発しているじゃないか！　あんたはここには向いてない！」

女性家庭教師会館では、断わられた理由は問い詰められなかった――たぶん、このようなケースはまれではなかったのだろう。わたしは、またも飲食の世話になり、新しい場所まで探してもらった。今度は幸いなことに二カ月ほど勤めあげた。

リーガにもどるべき時がきていた。秋が近づき、ギムナジウムでは授業がはじまりかけていた。わたしは、自分を電報で呼びだしてくれるよう、友達に手紙を書いた。

女性家庭教師会館では親切に接していただいたが、清算してみると相当な額の飲食代が差し引かれていたため、お金は、帰りのチケット代と、それからワルシャワに着いたときから買おうと決めていたカラー絵葉書の分を足すと、ギリギリだった。

ギムナジウムの高学年では、わたしは演劇に文字どおり「熱をあげていた」。けれども実際には、すべてはまだもっと以前に、つまり低学年のときに聞いたワーグナーのオペラ『トリスタンとイゾルデ』〔一八五七―五九年〕に端を発している。わが家のとなりに、〈アポロ〉劇場の女優マリカ・ツェルミニャが住んでおり、母の店にカッテージチーズと熱いお茶を求めてやってきていた。マリカには、のちにラトヴィアの有名な女優となるティヤ・バンガ〔一八八二―一九五七〕という友だちがいた。そんなあるとき、二人が芝居に招待してくれたのである。ティヤ・バンガやレインホルツ・ヴェイツ〔一八八二―一九二〇〕、ビルタ・スクエニエッツェ〔一八八八―一九三一〕の演技を見ると、わたしはなにものにも代えがたいような喜びを覚えた。まさにそのときである。演劇が生涯にわたってわたしの愛着の対象となったのは。

母は、わたしのどんな知り合いよりも、実科学校の生徒ユーリース・ラーツィスを評価していた。すらりとした美しい若者だった。灰色の髪に、大きな青い瞳。物静かで穏やかなかれを、わたしも気に入っていた。

「プシビシェフスキの『ホモ・サピエンス』を読んだことある？」あるとき、ユーリースに聞いてみた。

「いいや」

「じゃ、『ツァラトゥストラはかく語りき』は？　じゃ、『モンナ・ヴァンナ』は？」

「いいや」正直にかれは答えた。

わたしは「ほとんど読んでないんだな」と思いつつも、こう言った。

「うちに寄ってくれれば、本を貸してあげるわ……」

わたしたちはひんぱんに会うようになった。ユーリースの両親は資産家だったが、ユーリースが

「貧乏女などとかかわりあっている」ことを知ると、息子を叩きだしてしまったため、ユーリースはわが家に住むようになった。

一九一二年春にわたしはギムナジウムを卒業したものの、学業をつづける断固たる決心でいた。演劇界で活躍するためには、たくさんのことを知り、人間の心理が理解できなくてならなかったのである。

ケーニンシュ夫妻が自分たちの写真を記念にプレゼントしてくれたが、その裏側にアティス校長は、人生を恐れる必要などないんだよといったような励ましの言葉を書いてくれていた。アンナのほうはもっと直裁に表現していた。「あなたを励ます必要など、まったくありません。あなたは強いひとで、人生において道を切り拓いていくことができるでしょう」

勉学をつづけるつもりだと話すと、父はわたしに三ルーブル差しだした。

「おまえがそのように望むことはとてもうれしいが、もう助けられることはなにもないよ」

母のほうは、そもそも反対だった。

ペテルブルグにはその当時、ベストゥジェフ女子大学――女性のための最初の高等教育機関――が存在していた。女性が学べる高等教育機関はもうひとつ、ベフテレフ精神神経医学大学の教養学部[3]があり、わたしはそちらのほうを選んだ――ここなら、わたしはユーリースといっしょに学ぶことができたのである。けれども、ユーリースはしばらくしてリーガにもどることに決め、リーガ工業大学の化学部に入学した。わたしはペテルブルグに残った。

ベフテレフ大学には、少なからぬ数の有能な講師がいた。アニチコフ教授〔一八六六―一九三七〕は哲学セミナーを開講したり、ワーグナーやショーペンハウアー、ニーチェについて講義していた。ニーチェの『悦ばしき知識』〔一八八二年〕や『悲劇の誕生』〔一八七二年〕についての話はじつにおもしろく、夢中になって聞いた。ラズルスキー教授〔一八七四―一九一七〕は一般心理学と実験心理学を受けもっていた。ときおり、教授はわたしたちのひとりに「心理学的特徴付け」をあたえ、性格のいかなる特徴からのがれるべきか、いかなる特徴を発達させるべきかをアドバイスすることがあった。哲学入門を講義していたのはスペランスキー教授〔一八七七―一九五七〕で、わたしの見るところ、もったいぶった講義で、たぶん余計なまでに雄弁であった。レイスネル教授〔一八六八―一九二八〕は医療心理学を受けもっていた。犯罪心理学者である教授は演劇的手法にしばしば頼っていた。分析のために『カラマーゾフの兄弟』を選んで、学生たちに悪魔役とイヴァン・カラマーゾフ役、弁護人役と検事役をあてがい、「演劇化された裁判」を催した。このようなたぐいの講義・セミナーで、観察力や論理的思考力が発達していったのである。

ベフテレフ大学では、さまざまな国籍、さまざまな政治観の人たちが学んでいた。ここでは、政治的理由で他の大学から追放された学生たちも勉学をつづけていた。同郷人たちに囲まれて学生たちは、密告や迫害を恐れることなく、禁書文献を読んでいた。

わたしの同郷のラトヴィア人たちは、社会民主主義者の見解に与していた。放課後、わたしたちはいっしょにマルクスやエンゲルス、それからプレハノフの「史的一元論」〔一八九五年〕や芸術論を読んでは、熱烈に議論を交わしたものである。とりわけ盛りあがったのは、「芸術のための芸術」というスローガンは正しいかという問題をめぐって議論したときだった。

わたしは猛反対の立場だった。プレハノフのテーゼ――芸術は政治の外部にありえない――は、わたしなりに議論や闘いのなかで勝ちとってきたものでもあり、わたしの基本原則となっていた。

　大学に入学できたとき、わたしはクラスヌイエ・カムニ地区に安い部屋を見つけた。部屋は狭くて暗く、細長いベッド、戸棚、テーブル、脚のこわれた椅子がかろうじて収まっていた。学生食堂の長いテーブルの上には、厚切りの灰色や黒のパンが出ていた。わたしは二コペイカで熱いお茶を一杯だけ購入し、パンに辛子を塗っていたが、週に一度は付け合わせを添えたメンチカツというぜいたくを許した。夕食はストーブでジャガイモを煮て、植物油をかけてほおばるのが日課だった。

　助けを求めようにも当てがなかったのである。生活費をかせぐ唯一残った方法は家庭教師だった。わたしは、大学の廊下のパネル板に掛かったたくさんの掲示のうちのひとつに記されていた住所をもとに、出かけていった。出迎えてくれたのは、若い夫人だった。「家庭教師をお探しですか」との問いかけに答えるどころか、夫人はいぶかしげにわたしを見やった。

　わたしはきゃしゃだったし、歳より若く見えたのである。

「で、あなたは、うちの不良たちとやっていけると思ってらっしゃるの?」夫人は吹きだした。「高学年の男の学生さんですら、二日と持たなかったのよ」

　わたしは黙りこんでいた。肩をすくめて、夫人は言った。

「ま、いいわ。ためしてみましょう……条件はこう。一日四時間働いて月給二〇ルーブル」

　翌日、わたしは自分の生徒たちと近づきになった。

　部屋の中に二人の男の子がはいってきて、挨拶し、窓ぎわの机のまえにすわった。壁には文字練習用の黒い石板が掛かっており、となりには本や教科書が並んだ棚があり、机の上では大きな地球儀が美しく映えている。部屋の残り半分は、「騎士の」甲冑で埋まっていた。サーベル、弓矢、旗、インディオやイギリス兵の衣裳まであった。わたしは、驚き、このぜいたくぶりに目を凝らした。「初めて見るものだらけだわ」

「ほんとうに、全部あなたたちのおもちゃなの?」うっとりして、わたしはたずねた。

「そうさ、ぼくたちのさ!」二人はそろって大きな声をあげ、わたしにイギリス警察官の帽子をかぶせ、自分たちはボーア人の三角帽をひっかけた。

「さあ、遊ぼうぜ」二人は喜々として提案した。「先生は警官で、ぼくらはボーア人。ぼくらは隠れるから、先生はぼくらを探すーんだよー」声はすでに遠くから聞こえてきた。

わたしは自分の使命を忘れて、すっかりゲームにはまってしまった。住まいはばかでかいうえに、初めてきたばかりのため、子どもたちを見つけることができず、くすくす笑いがときおり聞こえるだけだった。あげくに、いたずらに夢中になった二人は浴室の栓を開けた。そして消防夫気取りであたり一面に水をふりかけた。

そのときようやく、わたしは正気に返った。

「ああ、しまった! これじゃ、あなたたちはわたしの言うことにまったく耳を貸さない、とお母さまは決めつけ、わたしを追いだすにちがいないわ」

わたしは床を拭く雑巾を探しにかかった。ところが、なんと子どもたち自身が後片付けをすませてくれたのだった。

「さあ、勉強をはじめましょう。明日はまず予習復習、そのあと遊び。わかった?」

翌日、わたしが到着するまえに二人はきちんと机に向かい、問題集を広げていた。予習復習を速やかにやってのけると、またもや遊びをはじめた。今回は、わたしも自分の想像力にゆだねることにした。わたしたちは、子ども部屋の小道具を利用して、さまざまな衣裳をまとい、剣を身につけ、兜をかぶり、童話の人物を演じた。これがあまりにもおもしろくて、帰る時間がきても男の子たちはわたしを解放したがらなかった。

数日後には夫人は感動していた。

「あなたはもしかして魔女じゃないの？　息子たちはすっかり変身して、学校から四や五をもち帰るようになったわ。あの子たちは、あなたがやってくるのを今かいまかと待ってるのよ。秘密を教えてちょうだい！」

「秘密などまったくありません！　子どもは遊ぶのが大好きで、かれらにとってはそれが全人生なんですが、だれも遊んであげてないんです。教師は自分の義務を果たすと、とっとと去っていきます。でも、わたしは子どもたちと遊ぶんです。秘密はこれだけです」

3

マヤコフスキー、メイエルホリド、シャリャーピン、ユーリース・ラーツィスとの結婚

わたしは、ペテルブルグに住むようになってまだ一年とたたないうちに、幸いにも、メイエルホリド、フョードル・シャリャーピン、ヴラジミル・マヤコフスキーをこの目にすることができた。

詩人〔マヤコフスキー〕はわたしたちの大学によく招かれていた。かれは、その名高い、ゆったりした黄色のジャケットでやってきた。襟の片方の角は尖っており、もうひとつの角は丸められていた。わたしは詩人の熱烈なファンだった。寸鉄人を刺す警句で俗物どもを一撃で打ちのめす能力に魅せられていた——なにしろ、わたしは子どもの頃から俗物どもが大嫌いだったのである。

メイエルホリドの名は、当時、だれもの口の端にのぼっていた。上演のたびに、激しい議論が巻き起こった。わたしはかれが演出した芝居を数多く観たし、著書『演劇について』〔一九一三年〕も読み、討

『三つのオレンジへの恋』1916 年，第 2・第 3 合併号

論会にもいった。そこでは、この有名な演出家が、演劇は反復不能で即興の芸術であるとの自説を猛然と主張していた。メイエルホリドはなんにでも首をつっこんでおり、芝居を演出したり、講義をおこなうだけでなく、一九一四年からは雑誌『三つのオレンジへの恋』も発行している。わたしたち学生は、雑誌の毎号の登場を今かいまかと待ちかねており、隅から隅まで読みとおした。

人びとは、「なんとかしてシャリャーピンにめぐりあい」、せめて天井桟敷からでもかれの歌を聴こうと、幾夜もぶっとおしでチケットを求めて立ちつづけていた。そんなあるとき、わたしが列にならび、軽装のジャケットで身を切るような風に吹かれて凍えそうになっていると、マリインスキー劇場の音楽家が近づいてきた。わたしを見ると、あきれたように首をふった。

「シャリャーピンのチケットですか？」

「はい」

「おうちに帰りなさい。明日の六時すぎにいらっしゃい。チケットを手に入れておきましょう」かれはドアを指さし、その付近で待っているようにと言った。

翌日、かれは天井桟敷のチケットを三枚も用意してくれた！　それも立ち見ではなく！　『ボリス・ゴドゥノフ』と『セリヴィアの理髪師』と『ファウスト』のチケットを！

シャリャーピンには激しく心がゆさぶられた。魅惑的な声色の並みはずれて力感あふれる声だけではない。シャリャーピンがじつにみごとに役柄になりきり、主人公の考えや心の動きのいちいちを余すところなく表現したため、舞台は独擅場と化していた。これは忘れがたい経験となった！

観劇のあと、わたしは夜の街やネヴァ川岸を長いことぶらついた。わたしはファンタジーのおもむくままにしていた。どこか近くでドストエフスキーの主人公たち、ラスコリニコフ〔『罪と罰』〕やミーチャ・カラマーゾフ〔『カラマーゾフの兄弟』〕、ムイシキン公爵〔『白痴』〕が生活し、苦悩しているような気がしていた。その夜わたしは、愛する作家をますます深く理解し、ペテルブルグを初めて真に眼にしたのだった。

　夏休みはリーガで過ごした。首都の印象を山ほど抱えて帰宅し、一分たりともじっとしていられなかった。わたしは、友人、知人に呼びかけて「哲学サークル」をつくろうと決めていた。もしかすると、大げさな名称だったかもしれない。けれども、ある程度本質を衝いてはいる。最初の会合では、わたしがイプセンの戯曲のヒロインたちに関する報告を用意し、プチブルにたいするヒロインたちの憎悪がいかにさまざまに表現されているかを力説した。わたしたちは、ショーペンハウアーの著書『意思と表象としの世界』〔一八一九年〕の内容を検討したり、ワーグナーの音楽、その他もろもろ数え切れないほどのことについて議論した。このサークルを大学生や、ユーリース・ラーツィス、パウルス・ガレニエクス〔一八九一—一九六二。社会活動家〕が訪れ、俳優のビルタ・スクエニエッツェとティヤ・バンガもやってきた。けれども、まだ一年間ペテルブルグでの勉学が残っていた。リーガにもどったのは一九一四年の春である。母の執拗な頼みに根負けして、わたしはユーリースと結婚することに同意した。

　わたしとユーリースには生活の糧がなく、わたしは仕事を探すことにした。リーガに落ち着こうとした試みは失敗におわり、わたしは推薦状を手にルーガ市〔ペテルブルグから南へ一四〇キロ〕に出発し、そこでまた家庭教師を勤めはじめた。その夏のさまざまな出来事のうちでなぜか覚えているのは、リーガの祝祭《リーゴ》——夏至のお祭り——を見にいった旅行である。三日間休みがとれたので、わたしとユーリースはスイグルダ〔リーガから約五〇キロ北東の町。一九二八年に市になった〕に出かけた。雨が降っていた。わたしたちは黙りこんでいた。ガウヤ川の岸辺の洞窟を見学しながら、粘土道で泥だらけになってしまった。あるいは、この旅行が記憶のなかに保たれているのは、第一次世界大戦がはじまった不穏な夏のことだったせいかもしれない……

戦争が起こったとき、ユーリースはオリョールにいて実習をやっていた。電報でかれはわたしを自分のもとに呼びよせた――戦争がわたしたちを永遠に引き離しはしまいかと懸念していたのである。わたしがリーガ駅で母と別れるとき、母は言った。「おまえと会うのはこれが最後のような気がするよ！」

オリョールはかなりさびれた市だった。狭い通り、庭に囲まれた木造の家、舗装していない街路、水たまり。全体的に貧しいなかで、ヴォルホフ通りだけは例外だった。ホテルがあり、商人ギルドの建物、石造りの邸宅があった。

まもなくわたしは腸チフスにかかり、症状は重く、長引いた。けれども、やや回復したとたん、前線用の袋の縫製作業を調整する役目がまわってきた。

一九一五年にドイツ軍はリーガを占領し、オリョールには、ラトヴィアから人びとが子どもづれで逃れてきていた。みんなは懸命にかれらを助け、とりわけ両親と離れてしまった子どもたちを気遣った。寄付で避難所がつくられた。わたしは、子どもたちのもとへ駆けつけて、いっしょに歌や詩をおぼえたり、童話を語ったり、ときには寸劇を演じたりした。

けれども、こうしたあいだもずっとわたしは、演劇のこと、勉学をつづけること、それもかならずモスクワでと考えつづけていた。モスクワには、フョードル・コミサルジェフスキーが指導する演劇スタジオが最近開設されたのである。ユーリースは反対だったが、わたしを説得することはできなかった。まもなくわたしは旅立った。

4

コミサルジェフスキー、メイエルホリド、タイーロフ

時は一九一六年。ラトヴィアからの避難民はロシア全土に分散し、多くのわたしの同郷人がモスクワにも住みついた。避難民の組織を管理する事務局が創設された。そのスタッフのなかに、思いもかけずギムナジウムの元校長アティス・ケーニンシュがいたのである。

「学校の初等科の先生にならないかい」かれは提案した。わたしは同意した。

ラトヴィアからの避難者たちは、モスクワに文化センターをつくった。センターは、さまざまな政治的信念、さまざまな知的レベルの人びとをまとめあわせていた。いわゆる「インテリゲンツィヤの夕べ」には作家も、学生も、勤め人も集まった。ここでは将来のことや、芸術の役割、宗教、学校教育などについて、果てしなく議論が戦わされていたのである。アレクサンドルス・ダウゲ〔一八六八―一九三七。社会

活動家、教育者〕はマチネーを催し、そこでフランス音楽の講義をおこない、音楽院の生徒である息子のニコライス〔一八九四―一九六四〕がラヴェルやサン・サーンス、ドビュッシーの作品を演奏した。音楽の夕べでは、ニコライスはシューマンやシューベルト、スクリャービンも弾いていた。

モスクワでのラトヴィア音楽演奏会では、合唱団とともに、ラトヴィアの有名な指揮者テオドルス・レイテルス〔一八八四―一九五六〕が出演した。ある演奏会はボリショイ劇場で開かれ、合唱を強化するためにわたしたちのような若手教師たちも声をかけられた。

若者のあいだで影響力を持っていたのは、ラトヴィアのデカダン派作家、ヴィクトルス・エグリーティス〔一八七七―一九四五〕、ファリイス〔一八七七―一九一五〕、その他だった。また、シャニャフスキー記念モスクワ市立市民大学の学生たち、すなわちレオンス・パエグレ〔一八九〇―一九二六〕、ヴィリス・デルマニス〔一八七五―一九三八〕、ロベルト・ペルシェ〔一八八〇―一九五五〕、リナルツ・ライツェンス〔一八八三―一九三八〕といった、革命志向の若者たちのグループは、独自の行動をとっていた。

ラトヴィア避難民保障委員会に勤め、文化や教育の問題を管理していたレオンス・パエグレを介して、わたしはこのサークルに近づいた。鍛冶屋の息子パエグレは、ヴァルミエラ師範学校を卒業しており、ヴィリス・クノリン〔一八九〇―一九三八。ラトヴィア名はヴィリス・クノリンシュ〕もライツェンスも、そこの出身である。パエグレは、すでに当時は戯曲『神々と人びと』〔一九一四年〕の作者として有名だった。この戯曲は、新しい世界は民衆そのものの手によって建設されねばならないと唱えていた。

実生活でも、パエグレは自作の戯曲の主人公に似ていた。熱烈に議論を戦わし、戦争や暴力、抑圧には猛反対だった。レオンス・パエグレやその友人たちとの親交は、たくさんのことにわたしの目を見開かせ、しだいにわたしは政治的自覚を持ったサークル員になっていった。

　幅広い教養を身につけていたダウゲからは、初めてヴラジミル・ソロヴィヨフや他の哲学者たちの名を耳にした。ダウゲは親切に接してくれ、教育学の文献をプレゼントしてくれた。有名な収集家セルゲイ・シチューキン〔一八五四―一九三六〕とかれが親しかったおかげで、西欧絵画のきわめて貴重なコレクションに近づく機会も得た。ゴーガン、ファン・ゴッホ、ピカソなどの絵である。

　秋の暖かい晴れたある日、わたしとダウゲはチーストゥイエ・プルドゥイのほとりを散歩した。街灯がすでに灯り、小道には紅葉した落葉がいっぱいに敷かれていた。

「このあたりはほんとうにすばらしいねぇ、そうじゃないですか？」感無量といった表情でダウゲがたずねた。「なにかいいことをしたくてたまりません。あなたがいつか援助を必要とするようなことがあったら、わたしは手助けします。かならず！」

　この約束を、わたしはずいぶんと歳月を経てから思い起こすことになる。

　アナスタシエフ横町にあったフョードル・コミサルジェフスキー演劇スタジオの授業は、毎晩おこなわれた。コミサルジェフスキーは物静かで、青白く、瞑想的な人物で、姉の女優ヴェーラ・フョードロヴナ〔一八六四―一九一〇〕に似ていた。その意味ありげな眼は印象的だった。なにか狂おしい思いに集中し、内向的で、自分の殻に閉じこもるタイプのひとの眼だった。

　教案には、わたしのお気に入りの科目が二つ含まれていた。世界史と、演出家ヴァシリー・サフノフスキー〔一八八六―一九四五〕担当の文学史である。サフノフスキーは芸術作品の比較分析を駆使していた。じつに意外な例を次々と引きながら、作家たちの文体的特徴を理解する方法を教えてくれた。

中世演劇を講義していたのはミハイル・パウシキン〔一八八一―一九四一?〕で、神秘劇や奇蹟劇を分析しながら、演劇の性格やその心理過程は歴史上の時期と関連づけて初めて理解できると説いていた。パウシキンによれば、中世演劇は時代の特徴を存分に反映したみごとなまでに独創的な現象だった。まさにこの講義において、わたしは理解したのである。位置の交替や、舞台上の地点（いわゆる演技空間）の数が、どれほど重要であるかを。のちに、演出家となったわたしは、それらをできるかぎり多く予定しておくようつとめた。

もちろん、スタジオにはもうひとりのすばらしい教師――コミサルジェフスキー本人――がいる。コミサルジェフスキーは舞台理論を講義する一方、即興劇も重視した。即興劇のテーマは、わたしたち自身が考案し、せりふなしで演じ、ときには一語か一文のみ添えていた。

一九一六年に出版されたコミサルジェフスキーの論文集『演劇的序曲』には、興味深い見解が少なからず見られるが、わたしはすべてに賛同していたわけではけっしてない。たとえば、「芸術は傾向的でもなければ功利的でもない」と論文「演劇と戦争」のなかで書いている。「芸術の目的とは、芸術そのものであり、芸術家のなかに生きている創造力の顕現である」と。さらに、「……演劇は〈同時代的である〉こともありえるが、それは精神的意味においてのみであって、テーマの意味や〈有用な〉意味、〈傾向的な〉意味においてではない」。わたしはといえば、ともかく演劇は傾向的であらねばならないと考えていた。

演劇スタジオの生徒が準備したものはすべて、定期的に三カ月に一度、委員会が検分していた。検分には、ヴァレリー・ブリューソフ、コンスタンチン・バリモント、フョードル・ソログープ、ニコライ・エヴレイノフらがやってきた。
スタジオではイーゴリ・イリインスキー〔一九〇一―一九八七〕、アナトリー・クトロフ〔一八九八―一九八〇〕、のちにカウナスに即興劇場を創設するアンタナス・ストゥクス〔一八九二―一九六八〕などが学んでいた。イリインスキーは動きが軽快で、笑いを誘う人物だった、という記憶がある。かれのユーモアたっぷりの即興を、わたしたちは興味津々で観劇したし、コミサルジェフスキーもほめていた。クトロフのエチュードは、深刻で、考えさせ、不安感を煽るものだった。

当時のわたしは、エヴレイノフの著書『自分自身のための演劇』に惹かれていた。著者は、このような演劇における即興は想像力を豊かにし、ぎこちなさを取り除き、見知らぬ人びとを近づけ、利口で機転が効くようにさせると考えていた。わたしは友人たちのところにいくと、みんなで自分自身のための演劇を試みたものである[4]。

コミサルジェフスキーは自然主義にたいする容赦なき敵だった。かれが言うには、いまでは演劇人は、わたしたち観客を生の残滓、生の散文へと懸命に引きずっていき、ポルノグラフィー的演し物や、日々眼や耳にしていることの無能な語り直しで興奮させている。さらには、とても巧みなこともあるとはいえ、まったく必要もなしに、舞台をほんものの生活や病んだ生活へと変える心理学的・病理学的実験でもって、わたしたちを興奮させている。コミサルジェフスキーの信条は、メイエルホリドやタイーロフ〔一八八五―一九五〇〕の考えとはちがっていた。コミサルジェフスキーは、芝居の文学的基盤を入念に研究し、作者の世界観を会得し、作者のテクストに忠実であるよう要求した。芝居ではコミサルジェフスキーは、ときには過剰なこともある表現方法を、魂のごくわずかな動きの繊細な伝達と組み合わせようとしていた。かれは、俳優を創造者であるとみなして、その個人的探究を重視し尊敬しており、演出家は俳優を節度をもって大事に指導すべしと主張していた。

メイエルホリドの方法にたいするコミサルジェフスキーの嫌悪は、ヴェーラ・フョードロヴナ・コミサルジェフスカヤの劇場でのメイエルホリドの活動のときからすでにはじまっていた[5]。新しい舞台形式の創造という理想に夢中のメイエルホリドは、新しい手法や、演劇固有の約束事にもとづいた様式化された演技法を導入しており、戯曲の本文や構造の改変も辞さなかった。

わたしはといえば、メイエルホリドの倦むことなき探究に惹かれていた。その影響下にスペイン演劇やコメディア・デラルテを研究するようになった。振り返り見ると、いったいなにがわたしの創作史に刻印されているかが、いまでは明瞭に理解できる。芸術的な演劇的具現化の豊饒このうえない表現手段、異常なまでに大胆な実験主義の見本の数々である。

タイーロフの〈カメルヌイ劇場〉も魅力的だった。アリサ・コーネン〔一八八九―一九七四〕の明晰な朗誦、彼女の気質、とても純粋な発音、悲劇的に歌うような声に圧倒された。

オスカー・ワイルドの戯曲『サロメ』〔一八九三年〕のサロメ役コーネンの声が、まるでいまも聞こえてきているかのようである。「七つのヴェールの踊り」のあと、コーネンがヴェールを投げすて、ヨカナーン〔洗礼者ヨハネ〕の首を要求する。どこからともなく、預言者の切りとった首をのせた銀皿が浮きあがってくる。コーネンは皿を手にとる。「ヨカナーン、わたしはあなたの唇にキスをします。海底の赤いサンゴのような唇、レバノンスギのように黒い巻き毛に……ヨ・カ・ナ・ー・ン！……」――夢遊病者のように、悲しげに、熱烈にサロメが叫ぶ。王が手で合図をすると、軍人どもがサロメを取り囲み、

エヴレイノフ『自分自身のための演劇，第一部』1915 年

鉄の盾で彼女を押しつぶす。

それはほんとうに怖かった。わたしは息も絶えだえに劇場を出た。

手がこんなにも演技する女優は、その後一度も見たことがない――手が語り、手だけが別個に生きているかのようだった。だいぶあとになってわたしは、ゴーリキーの『太陽の子』〔一九〇五年〕のタイーロフ演出で、コーネンを見た。コーネンはリーザを演じていた。この役では、コーネンはさらに多く手で「語っていた」。手は「怒りっぽく」もあり、「狂おしく」もあって、とびとびの言葉はもはやほとんどなにも意味していなかった。

もうひとつ、タイーロフの演出で記憶に残っているのは、すでに一九二〇年代だが、ルコック〔一八三二―一九一八〕の『ジロフル＝ジロフラ』〔一八七四年〕である。この場合は、抑えがたいまでの多様な色彩にこだわっているように感じられた。舞台空間は、立方体や平行六面体、巨大な円錐、梯子、円柱から構成されていた。そして、こうした装置にそって俳優たちが歩くというより、文字どおり跳んでいた。その衣裳は、様式化されたエキセントリックなもので、帽子は手品師のターバンやインディオの祝祭用の被り物に似ていた。タイーロフの劇場の俳優たちは現実に「解放された」俳優であり〔一九二三年にタイーロフはドイツで『解放された演劇』を公刊している〕、踊りも歌もこなし、アクロバット芸人でもあった。一言でいうならば、万能の芸人である。芝居全体がいいリズムで進行し、楽観主義と喜びに満ちていた。タイーロフ式演出を観ていると、真の名人芸とプロフェッショナリズムにたいする敬意が、おのずと沸きあがってくる。どの言葉、どの身振り、ミザンセーヌも入念に考えぬかれており、すばらしい形式に鋳造されていた。二〇年代初頭の外国公演は大成功をおさめ、ソヴィエト演劇の成果を宣伝したのであった。

メイエルホリドは、タイーロフおよびその芸術的な方針や手法と激しく議論を戦わしていた。わたしはといえば、双方から学んだ。両者の実験精神は、自然主義や無定型状態への抗議を分かち合っている。傑出した二人の芸術家は、芸術と現実にたいするみずからの立場を旗幟鮮明に表現しようとしていた。

もちろん、いまでは断っておかねばならないのだが、わたしは〈モスクワ芸術座〉に関する評価では不公平だった。けれども当時は、〈モスクワ芸術座〉はあまりに自然主義的に思え、それゆえ、さほど関心をいだかなかった。のちに、国立演劇芸術研究所の院生になった頃も、この劇場の芝居を報告の中で幾度か批判したことがある。

5

十月革命と演劇

一九一七年十一月。ペトログラードでは権力はボリシェヴィキの手中にあったが、モスクワでは戦いがまだつづいていた。ときおり銃撃戦が聞こえ、路面電車は停まっていた。

コミサルジェフスキー・スタジオの授業はつづいていた。わたしは、講義に出るためポクロフカからアナスタシエフ横町へ走って通っていたが、頭上をときおり銃弾が音を立てて飛んだ。けれどもそれだからといって、演劇熱が冷めることはなかった。スタジオの生徒たちは講義を一回もさぼりはしなかったのである。

通りや施設は一変した。いたるところで活発な会合、集会、デモがおこなわれていた。柱や建物の壁、塀のあちこちに、レーニンが署名した布告が貼られている。どの布告の付近にも群衆がいて、ソヴィエト政権の初期の布告を声にだして読んでいた。

いつだったか、わたしがストラスナヤ広場を横切って授業へと駆けていってたとき、プーシキン記念碑を囲む台座の上に立って通行人に呼びかけている弁士を見た。まわりにはどんどんひとがふえてきて、反論する者もいれば、賛成の叫びも聞こえていた。人びとの中に、それまでまどろんでいた生命力や、考えるエネルギー、行動への願望が目覚めたのである。精神のこの高揚は、「生きること、それこそ至福なのだ！」という、ドイツの思想家ウルリヒ・フォン・フッテン〔一四八八―一五二三〕の言葉で定義づけられよう。つい最近まで灰色で汚なかった建物が若返り、蘇生していた――未来派の画家たちが、壁や塀を色あざやかな絵や菱形、四角、ジグザグあるいはまた雑多な斑点などで彩色していたのである。

わたしが昼間勤めていた学校では、ソヴィエト政権を認めなかったり、国家からの教会の分離や学校での神学教育の禁止に不満な教師もいた。意見は分かれ、生徒も教師も議論していた。討論会には多くの聴衆が参加しており、ボリシェヴィキを擁護したのはロベルト・ペルシェと妻アンナに、エドゥアルツ・ストゥーリーティス〔一八九〇―一九三九。教育者、評論家〕、レオンス・パエグレだった。パエグレがのちに回想しているところによれば、革命とは未曽有の奇蹟であり、人間がいつか体験すべきもっともすばらしく美しいものである。

「皆に！　皆に！　皆に！……」というアピールを読むと、自分も幾世紀も抑圧され奴隷化されていた人びとのひとりであるとの意識が、わたしの中に改めて沸きあがってきた。わたしもまた、不平等とはいったいいかなるものであるかを身に染みて体験していたからである。革命をなしとげ、民衆の幸せのために命を捧げた人たちは、わたしにとって模範であり理想となった。

コミサルジェフスキー・スタジオの生徒たちもまた、二手に分かれた。一方はソヴィエトを支持し、他方は反対であった。支持者のほうはレパートリーの即時の変更、大衆に身近で理解しやすい新しい戯曲への取り組みを主張するのにたいして、反対側はなにも変更すべきでない、革命はまもなく終焉を迎えるらしいと主張するといった具合である。ソヴィエト政権を信じていたわたしたちは、工場をまわって歩き、無料の観劇チケットを配ったり、サークルや労働者クラブを組織した。

当時の討論会は激烈で、弁士たちも言葉を選ばなかった。なかでもスタジオの生徒ニコライ・ヴォルコンスキー（のちにマールイ劇場の演出家になる）〔一八九〇―一九四八〕は、舌鋒鋭かった。コミサルジェフスキーのシステムや芸術原理を批判し、コミサルジェフスキーを民衆の生活から切り離された神秘主義者であると非難した。ヴォルコンスキーに賛同する者は少なくなかった。

公正を期して述べておくが、コミサルジェフスキーも革命の時代の風に触れてはいた――以前のかれは傾向的演劇を認めなかったのにたいして、十月革命後は自説を見なおしている。かれはつねに社会的公正のために戦っていたし、革命演劇の使命をめぐる議論がたけなわの折りには、革命期には芸術は生活から切り離しえないとみなす者たちに与していた。それと同時に、コミサルジェフスキーは、わたしたちが演劇から、かれいわくの「功利主義的唯物論」の道へと移らないよう警告した。やがて一九一九年に、コミサルジェフスキーは自分の劇場をあとにし、国外へと去っていく。

国内の演劇界は沸き立っていた。客席は、数多の問題に回答を求める、感受性豊かな新しい観客で埋められていた。クリスタルのシャンデリアに輝く劇場に、灰色の外套や綿入れ上着、作業服を着たひとたちが初めてやってきたのである。当時の劇場は暖房されていなかったにもかかわらず、だれひとり気にしていなかった。人びとは人生を理解し、学ぶために、ここにきていた。不慣れな観客は、迫真的な言葉にいちいち敏感に反応し、拍手が上演中もしばしば沸きあがった。

まもなく明らかになった。革命を受け入れ、新しい観客のための創造をめざす文学関係者や芸術関係者は、真の芸術家にとどまりながらも社会的注文にも応えられることを理解しなければならないことが。時代は、大衆を煽動し、闘争へと起ちあがらせる作品を要求していた。短期間のあいだに革命芸術は、伝統的演劇を根本的に一新して、生活に積極的に介入するような演劇へと変えるような新機軸を、次々と打ちだしたのであった。

フセヴォロド・メイエルホリドは新しいソヴィエト演劇の創造に着手するとともに、赤軍の制服を身に着け、しばしば労働者や兵士をまえに演説した。かれは「新しい芸術の兵士」や「演劇の十月のリーダー」と呼ばれていた。労働者聴衆の中へは、マヤコフスキーもエイゼンシテインもやってきた。教育人民委員のアナトリー・ルナチャルスキーも、大きなホールでたびたび演説をおこない、芸術をいかに理解すべきかを新しい観客に説いた。

メイエルホリドは、工場でのアマチュア団体の創造にも関与し、レパートリー選びを手伝ったり、昼休みに職場で演じられる芝居の演出を助けていた。演出家や俳優の多くは、狭義の職業的な演劇の枠をうちこわし、野外で芝居を催した。

十月革命一周年に合わせて、メイエルホリドとマヤコフスキーがペトログラードで『ミステリヤ・ブッフ』〔一九一八年〕を上演した。それは、ルナチャルスキーの言によれば、「われらの革命の影響下に企てられた唯一の戯曲」である。
初演のポスターにはこう書かれていた。

われわれ詩人、画家、演出家、俳優は
十月革命
一周年の日を
革命的芝居でもって祝うものである。
われわれは提供するであろう
『ミステリヤ・ブッフ』を！
マヤコフスキー作の
われわれの時代の
英雄的、叙事史的、諷刺的描写を。

バツ印の付いた旧世界の半球の絵のすぐわきには、「美術担当はマレーヴィチ。演出担当はメイエルホリドとマヤコフスキー。演じるは自由な俳優たち」との文言が見える。
戯曲の中でマヤコフスキーは「事物と労働者の晴れやかな祝祭」を賛美しており、創作のさいに平民の中世演劇の特性を利用していた。かれは、神秘劇に倣って、社会的仮面〔社会の典型的な人物像〕が登場する毒々しい諷刺劇をつくり、激動する社会的大変動の時代を具現化した。

『ミステリヤ・ブッフ』のポスター，1918 年

一九一八年のこうした嵐のような忘れがたい日々に、わたしはコミサルジェフスキーのスタジオを卒業した。別れにあたり、コミサルジェフスキーは言った。「あなたはすてきな劇場を自分の故郷につくるべきです！」

けれども、状況はそのようには進まなかった。

活動拠点となったのは、オリョール、そして情操教育児童劇場である。本書の冒頭では、年代順ではなく、人生のまさにこの時期を特別にとりあげておいた。

6

内戦の終了、ユーリースと離婚

一九年の秋、オリョールにデニキン〔一八七二―一九四七。反革命軍の指揮者〕の軍が近づいてきた。遠くから銃声や爆撃音が聞こえていた。町では疎開がはじまった。

ユーリースは、わたしがオリョールを離れるよう主張して譲らなかった。けれども、最終編隊といっしょに町をあとにしようとした試みは、うまくいかなかった――娘ダーガ〔ダグマーラの愛称〕は生まれてわずか数カ月であり、幼児といっしょに汽車のステップに乗っていくなど（このような可能性しか残っていなかった）、もちろん、想像もおよばなかった。わたしは先をいく夫に叫んだ。「残ることにするわ！」――そして、トゥルゲネフ通りの人気のないスタジオにもどり、ドアに鍵をかけ、攻撃が治まるのを緊張して待った。外からは叫び声や車輪の音が聞こえてきた――人びとが町をあとにしようとしていたのだ。暗くなると、射撃はもはやすぐ近くで聞こえるようになった。建物は爆撃音で揺れた。

そのとき、ドアをそっとたたく音がした。

「デニキン軍だ！」との不安がよぎったが、ドアの向こうから聞こえたのは、高ぶった女性の声だった。

「アンナ・エルネストヴナ、あけてください、わたしです！」

若い女性が、気がかりなようすで駆けこんできた。

それは、以前ユーリースのところでタイピストをやっていたヴァンダだった。

「わたし思ったんです。もしかすると、あなたが出発できなかったのでは、と。さあ、お嬢ちゃんをだきあげ、わたしのところにいきましょう！　わたしのところが捜索を受けることは絶対にありません。わたしの別れた夫はデニキン軍の将校なんです」

ダーガをくるみ、とりあえず必要なものだけ手にとって、ヴァンダのところに急いだ。暗かった。ダーガの乳母車がゆれ、丸石の舗道に音がひびき、通り全体が轟音をたてているかのような気がした。

隠遁生活がどのくらいつづいたかは、覚えていない。ヴァンダは仕事に出かけては、食料をもって帰ってきた。わたしは、ダーガとヴァンダの息子のお守をしていた。

けれどもそんなあるとき、猛砲撃と馬たちのいななきが再び聞こえ、荷馬車がガタゴト音を立て、車輪がきしんだ――デニキン軍が退却していたのだ。赤軍がオリョールを解放し、白衛軍をさらに南へと追いやったのである。

わたしは自宅にもどった。部屋の中はごったがえしだった。肘掛け椅子はひっくり返され、シーツは切り裂かれ、マットは切りきざまれていた。破られた本や新聞が床にころがっていた。わたしはダーガを寝かしつけ、レンジに火をつけた。エンドウ豆のはいった袋が戸棚に残っており、調理にとりかかった。そのとき、いきなりドアがばたーんと開いて、三人の男がはいってきた。

「エンドウ豆を煮てるようだが、われわれにもご馳走してくれないかな」ラトヴィア語でひとりが言った。わたしには、かれらがラトヴィア・ライフル部隊〔十月革命ではボリシェヴィキ側に付いていた〕の兵士だとわかった。

熱いスープを注いであげると、かれらはふうふう冷ましながら、食べはじめた。食事のお礼を言って、狙撃兵たちは起ちあがった。

「仲間たちに追いつかなきゃいかん。安心してくれ。あのろくでなしのデニキン軍がもどってくることはもうないから」

町はすさまじい光景を呈していた。これを筆写できるのは、たぶんエドガー・アラン・ポーぐらいだろうし、上演できるのは〈グラン・ギニョール〉劇場ぐらいだろう。木々の枝ではさかさに吊るされたコミュニストたちがゆれており、舗道や歩道には体の一部を失った死体がころがっていた。わたしは、知り合いの縫工——母親と三人の娘——が暮らしていた家まで一目散に駆けていった。ドアをぱっと開いたが、跳びすさった。彼女たちは目も当てられないようなむごたらしい姿で血だまりの中にころがっていた……

幸いにも、デニキン軍はなにひとつ放火するまがなく、やがて町は通常の姿をとりもどし、しばらくするとユーリースが帰ってきた。わたしも、ようやく、仕事にとりかかることができた。再び組織された生徒たちのサークルでは、わたしたちはアレクセイ・ガステフ、ミハイル・ゲラシモフ、ピョートル・キリロフ、ヴラジミル・マヤコフスキー、アレクサンドル・ブロークなどの詩で、文芸モンタージュをつくった。

一九一九年のとある土曜日に、わたしたちは市の公園（ゼリョーヌイ公園）でこの成果を披露することに決めた。関心を引くために、鉄板をたたいた。騒音につられて人びとが集まると、詩を朗読しはじめた。催しは市民に好評だったが、不満なひとたちもいた。年配の教師たちは、わたしたちが不良であるかのように非難する始末である。ユーリースも不満たらたらだった。時を経ずして、こうした朗読会は開かれなくなった。

あるとき、『アリヌル』の初演のあと、わたしのもとに興奮したユレーニがやってきたことがあった。「モスクワからあなたたちの活動を調査する委員会が到着した。オリョールの教師たちが訴えているらしい。演劇は子どもたちを育むどころか、市の秩序を破壊する、と」

むろん、わたしは、自分が教師としては経験が乏しく、すべてを予見するなどできないことはわかっていた。けれども、いちばん気がかりだったのは、子どもたちにバレエを踊るのを許可したことによって、わたしがプロレタリア的教育方法論から逸脱していないだろうか、ということである。

当時は、多くの者が、バレエを「満ち足りたブルジョアジーの退廃的芸術」であるとみなして、排斥していた。ネクタイ、指輪、宝石などを身に着けることはプチブル的と考えられていた。若いコミュニストのなかには、ブルジョア文化を全面的に排斥する者もいた。一九一七年十二月に発表されたキリロフの詩「われら」を覚えている。


われらは雲霞《うんか》のごとき、恐るべき労働部隊、われらは不穏で熱烈な酔いに身をまかせている。

われらに叫ぶがいい、「諸君は美の処刑人だ！」と。

われらの明日のために――ラファエロを燃やそうではないか！


わたしは、出がけに夫に言った。

「モスクワの代表者に報告しにいってくるわ。もし帰ってこなかったら、だめだったってこと。まあ、お楽しみに」

「あげくの果てに、きみが劇場から放りだされたら、最高なんだけどなぁ！」

わたしは、ユーリースをちらりと見た。わたしのまえにいたのは他人だった。疎外感はだいぶまえからあり、腹立ちと失望が一滴一滴とたまってきていた。そしていま、眼に見えないカーテンがわたしたちのあいだに降りたかのようだった。わたしは孤立無援であると感じた。

パニック状態で、わたしはホールにはいっていった。舞台には巨大な演壇がそびえたっており、下の長椅子には教師や監督官が腰をおろしていた。ユレーニがわたしに発言権をあたえた。わたしは、興奮のあまり最初はしどろもどろだったが、徐々に落ち着きをとりもどし、児童劇場について夢中になって語った。四十分ばかり話したろうか。そのあとで討論がはじまったが、なにが審議され、どの点が議論されたか、わたしには耳にはいらなかった――一切がどうおわるかということしか考えられなかったのである。

そのとき、演壇に監督官があがった。

「アンナ・エルネストヴナが語ったことは、すばらしいことばかりです。このような児童教育こそがわたしたちの新生国家に不可欠なのです」

聞きまちがえたのではないかと耳を疑った。

「最終的判断をくだすためには」モスクワの監督官はつづけた。「授業の様子を見る必要があります。同志ラーツィスが許可するなら、わたしたちは劇場を訪問します」

わたしはすっかりとまどい、席から起てずにいて、客席側にひとがいなくなっているのにも気づかなかった。

「ここに泊まるつもりなんですか？」監督官が冗談を言った。

ユレーニといっしょにかれらは、わたしを見送ってくれた。空からは、綿雪がひらひら舞い降りていた。道連れの人たちは黙ったまま歩いていた。たぶん、なにか話しかけようにも、わたしがあまりにも興奮していることがわかったのだろう。

家に帰ったときには、完全にぐったりだった。娘は眠っており、テーブルではサモワールが沸騰していた。ユーリースはくつろいでお茶を飲んでいた。

「テーブルに着いたら」

「いいえ、いいわ。上の屋根裏部屋にいくから」

「わかった」ユーリースは言った。「いったいなぜ、きみが出ていかなきゃならないのかい。ぼくのほうが出ていくよ」

このようにして、わたしたちの家庭生活は幕をおろしたのであった。

7

リーガの演劇とカーニヴァル

一九二〇年に、リーガの母から手紙が届いた。心細くて寂しい気分になっており、わたしに会えないまま死にはしまいかと不安だ、と書いてきていた。わたしは、万難を排してリーガにたどり着き、母をオリョールにつれてくることに決めた。だが、それは簡単なことではなかった。内戦がまだ完全には終結しておらず、列車の運行は不規則、車内はぎゅうぎゅう詰めで、暖房貨車の席をあてにするのもむずかしかった。おまけに、幼い子をつれていかねばならなかったのである。それでもやはり、三カ月の休暇をなんとか頼みこんで旅立った。

たどりつくには長いことかかった。ラトヴィア国境で、列車は待避線につれていかれた。検疫を受けなければならなかったのである。ようやくのことで、形式的なことは全部おわった。ところが役人が近づいてきて、こう言うのである。

「あなたにはリーガ行きの許可がおりていません。もどってください」

どうして母に会わないままで帰れようか？　いや、絶対に帰るわけにはいかなかった。以前にモスクワで、わたしはラトヴィアの作家カールリス・スカルベと知り合っていた。ほかでもないかれに、「なんとかできないか」とお願いする電報を送ることにした。住所がわからなかったので、ただ「リーガ、作家スカルベ様」とだけ書いた。

二日間待った。おなじ役人が、リーガでの短期滞在が許可されたと知らせてきた。著名な作家が保証してくれたのである。

手押し車を持った少年を駅で雇い、それに旅行鞄を載せ、娘を抱いて、母が住んでいるアパートを探しに向かった。アパートの中にはいると、年配の女性が出迎え、起ちあがった。

「リエピニャを呼んでいただけませんか」わたしは話しかけた。「わたしの母なんです」

女性はおもむろに話した。

「リ・エ・ピニャ……亡くなってもう二週間になるわ」……

呆然としていたわたしが我に返ると、女性は、母が長いこと病んでいたこと、最後までちっちゃな店をつづけ、細々と生計を立てていたことを話してくれた。

すっかり途方にくれたわたしは、旅行鞄を載せた手押し車のそばに立ちつくすばかりだった。ダーガがぐずりはじめた。もはやわたしには選択肢はない——ユーリースの母のもとへ向かうほかなかった。少年は、わたしたちの荷物を、リーガ郊外にあるシュライエンブッシュ地区（いまのチエクルカルンス）まで運んでくれた。そこでは牛や、前足をひもでしばられた馬が放牧されており、草を食んでいた。よぼよぼの老婆が、道端の濡れた草の上に何も敷かず座りこんでいた。ユーリースのお母さんだった。わたしたちは抱き合った。

……わたしの休暇期間はおわろうとしており、オリョールにもどらねばならなかったのだが、思いもかけずダーガが重い病気にかかってしまった。医者たちは警告した。女の子は困難な旅に耐えられないだろう、と。

どうすればいいのか？　時は過ぎていく一方で、出口が一向に見えない。

わたしは友人たちに相談することに決め、リガス・ユールマラ〔リーガの西方に位置する保養都市〕に出かけた。そこで偶然、リナルツ・ライツェンスに出会った。しばらく会っていない間に、かれは著名な作家であり有力な政治家になっていた。

わたしは自分の災難についてリナルツに語り、かれのほうはブルジョア・ラトヴィアの出来事について語った。現実は、新聞が書いているよりもはるかに恐ろしいものだった。ブルジョアジーは、残酷なテロの力を借りて権力を維持していたのである。共産党は地下にもぐっており、人びとはどんな反政府行動をも口実にされ、裁判なしで牢獄に叩きこまれていた。レーニンやマルクスの本は、捜索で見つかると、逮捕の口実となった。リーガ中央監獄は超満員だった。

けれども、自由を愛する思いに蓋をすることは不可能である。地下でビラや小冊子が発行されていた。警察は雑誌を押収していたが、名称を変えてまたあらわれるのだった。たとえば労働者の雑誌『ヴィエニーバ』（『統一』）が禁止されたが、ただちにキオスクに別の雑誌――『ヤウナ・ヴィエニーバ』（『新統一』）――があらわれた。牢獄からは、詩人たちが自分の詩を外に伝えていた。中央ビューローを筆頭にした左翼労働組合は巨大な勢力となっており、左翼は一万五千人を越え、そのなかにはコミュニストが数多くいた。

「あなたには、ここを去る権利はないんですからね！」ライツェンスは言った。「われわれには知識人が必要なのです」

かれは、リーガ労働組合中央ビューローの発意で開設した人民大学についてこと細かに語ったが、その理事会には詩人のアンドレイス・クルツィース〔一八八四―一九五九〕、ライツェンス当人、ヴィリス・デルマニス、ジャーナリストのフリツィス・ガレニエクス〔一八八六―一九六九〕、レオンス・パエグレが加わっていた。労働学校の聴講生のなかには、かなりの数のコムソモール〔共産党の青年組織〕団員がいた。学校は、革命プロパガンダのセンターのようになっていた。

「民衆の最良勢力が党を手助けにやってきているんです」ライツェンスは熱く語った。「われわれは、学校に付属して演劇スタジオを開設することにしたのですが、演出家が見つかりません。いまこそ、あなたが必要なんです。まずは理事会で報告をおこなって、コミサルジェフスキー・スタジオやモスクワでの十月の出来事について話してはどうでしょうか」

数日後わたしは、社会民主主義者のリーティンシュが校長をつとめている第四リーガ中学校にやってきた。ここでは昼間は通常のように授業がおこなわれており、夜は人民大学の聴講生である労働者が集まっていた。理事会ではわたしはモスクワやペトログラードの演劇界の状況について語り、ケルジェンツェフ〔一八八一―一九四〇〕の著書『創造的演劇』〔一九二三年〕やかれの「演劇は街頭に出ていき、街頭は演

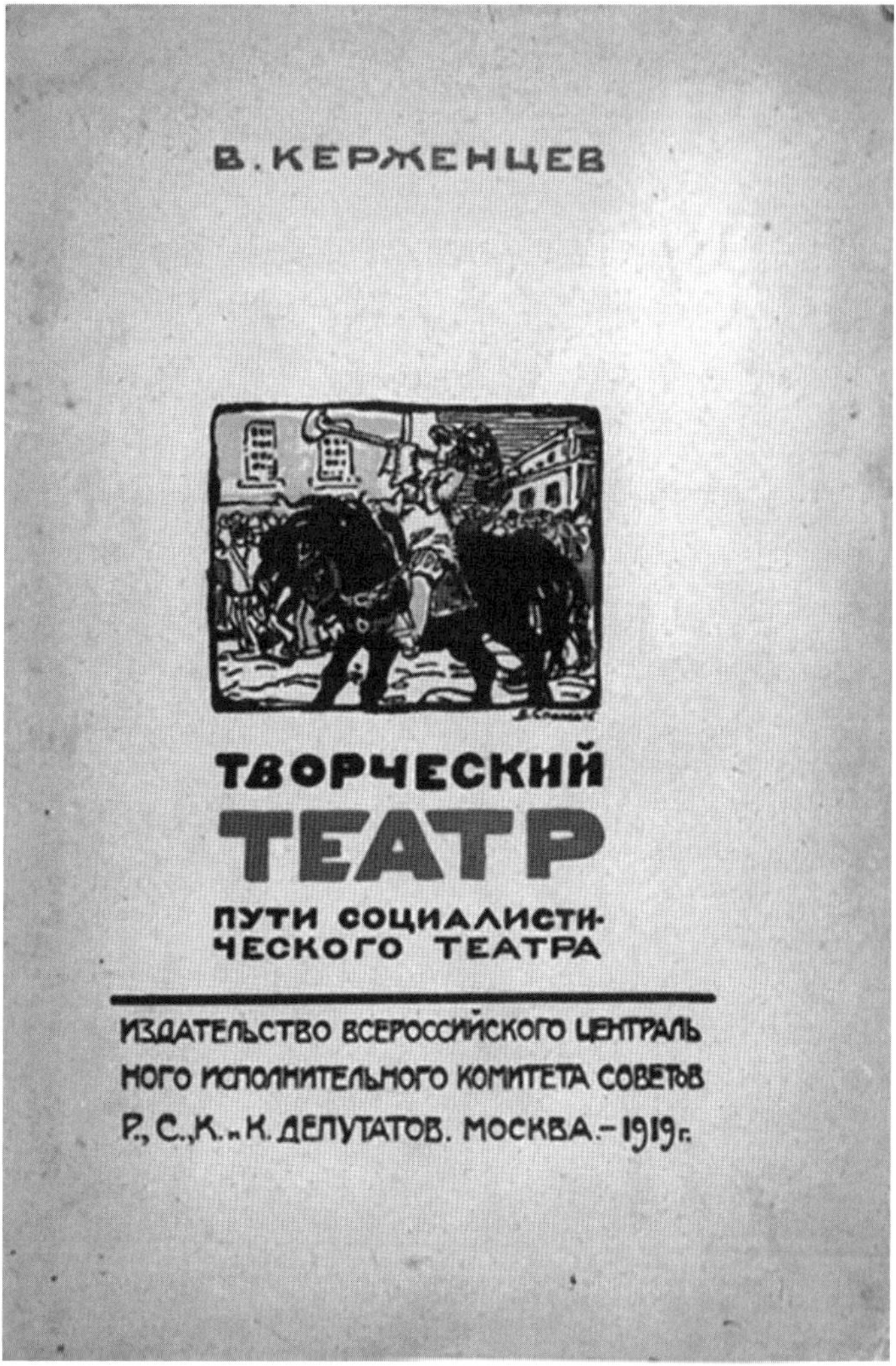

ケルジェンツェフ『創造的演劇』1919 年

劇にはいっていくべきである」との考え、タイーロフの〈カメルヌイ劇場〉、〈オリョール情操教育児童劇場〉での自分の活動などについて語った。わたしが語りおえると、ライツェンスが近寄ってきた。

「結論はこうです。数日後には、演劇スタジオで学びたい者たちを募ります。教案を考えてください」

ライツェンスは果断で、不屈とすらいえる人物だった。かれは、わたしの知識と経験がまさにここラトヴィアで不可欠であると考えており、そのことを説得しようとした。わたしは、リーガに残る決心をした。

ラトヴィアじゅうに再びストライキの波が広がっており、この緊迫した状況を利用すべきだった。革命的な戯曲を上演することは検閲が許可しなかったため、許可を必要としない学習用の即興劇やエチュードを披露することにした。即興劇は、教案で認められていた科目だったのである。

スタジオには、青年労働者、学生、勤め人が加入していた。オリョールから帰省したエルヴィーラ・ブラムベルガも、スタジオを訪れていた。わたしは、プロの俳優ヴィリス・セグリンシュ〔一八八二―一九六二〕を発声指導のために招いた。劇団には我を忘れて芸術に没頭するひとたちが結集する一方、先進的理念に忠実であること、そうした理念を表現できる能力を身につけることが活動のモットーとなった。わたしたちは、人びとが公正を求めて闘っているのを援助すべきなのである。

毎晩、わたしたちはかなり広々とした教室で学び、狭い舞台がある小さなホールでは即興劇やエチュードのリハーサルをおこなった。俳優たちは、舞台芸術の理論と実践、発声、朗唱、舞台での動きを学んだ。歌も、踊りも、自分の身体の完全な支配もできるような万能の総合的俳優、無尽蔵の想像力を持った俳優を育てる必要があった。おまけに、この俳優は機転も効かねばならない。わたしたちがエチュードや即興劇を左翼労働組合の労働者たちに披露していた公開の夕べには、私服警官、さらには制服警官がよくやってきていたのである。

招待状は、スタジオの生徒と中央労働組合ビューローが配布した。舞台上からは、教案の公開のふりをして、自由を愛する思想がプロパガンダされる。ホールでは、ヤーニス・ライニス〔一八六五―一九二九〕やパエグレ、ライツェンス、クルツィース、ゲラシモフ、ガステフ、キリロフなどの詩がひびいていた。わたしたちのレパートリーには、ベッヒャー〔一八九一―一九五八〕やヴェルハーレン〔一八五五―一九一六〕の詩もふくまれていた。すでに上演がおわったあとに、観客がガステフの詩を復唱することがよくあった。「……世界の第一の奇蹟、恐れを知らぬ労働者は、創造者――人間」

わたしたちといっしょに、レオンス・パエグレもよく出演した。戯曲『復活』〔一九一九年〕は一躍かれを有名にしていた。それは、モスクワやペトログラード、ハリコフの労働者劇場で上演されていた。ラトヴィアが社会主義ソヴィエト共和国となった一九一九年には、[6]この戯曲でもって〈労働者劇場〉が活動を開始したのであった。反動的教師たちの密告により、パエグレはリーガ中央監獄に服役することになる。釈放されたときには、学校で教える権利がなかった。けれども、牢獄はかれを怖がらせたり打ち負かすことはできなかった。かれは、相変わらず労働者をまえに、暴力との闘い、自由のための闘いへと呼びかける詩を朗読していた。

いまも、舞台上のパエグレが眼に浮かぶ。背が高くて、すらりとしており、眼はらんらんと輝いている。胸の奥深くから出てくる情熱的な声も聞こえてくる。かれが出演する夕べはとくに人気が高く、皆は詩人の朗読に張りつめた表情で耳を傾け、ぎゅう詰めの客席には歓喜の拍手の嵐がしばしばとどろきわたり、四方八方からひどく興奮した叫び声や、称賛の言葉が聞こえてきた。

夕べが、警官いわく、あまりにも激しい場合は、上演は中断され、俳優や観客のパスポートが調べられた。パスポートを持っていない者は警察に連行され、家宅捜査もおこなわれる。このような襲撃はまれではなかった。反動勢力は日々圧力を強めていた。

一九二一年夏、わたしたちは九人のコミュニストが銃殺刑にあったことを知った。そのなかには、共産党書記ヤーニス・シルフス＝ヤウンゼムス〔一八九一―一九二一〕と中央委員会委員アヴグスツ・アラーイス＝ベールツェ〔一八九〇―一九二一〕がいた。

アヴグスツ・アラーイス＝ベールツェは、著名なコミュニストで、わが党の歴史上の一大人物だった！　一九二〇年にかれはリーガにもどり、一年後に逮捕され、そして処刑されたのである！

わたしたちは、陰険な反動勢力の卑劣な攻撃になにがなんでも反撃しようと決めた。レオンス・パエグレは、殺人者どもに軽蔑の烙印を押した怒りの詩「銃殺処刑されたる者たちの墓」を書く。「不慮の死を遂げた者たちゆえの痛みは、心の中に生きており、勝利への意思をひたすら鍛えている」。わたしたちは即興劇『中央監獄にて』を上演した。

即興劇は、スタジオの生徒たちがドキュメンタリー・タッチで書いた。監房に、監獄長を頭とする武装保安隊が突入してくる。監獄長がリストをもとに呼びだす者は全員、壁に近づく。死刑を宣告されている者たちである。……静寂の中、命令「一歩前へ！」が聞こえ、そのあと舞台裏で射撃音が鳴りひびく――一回、二回、三回……全部で九回！　しかし、監房に残った者たちは絶望したりはしない。かれらは依然として戦いの用意ができており、自由の身のコミュニストたちと連絡をとる方法を熟考している……かれらは伝達を受けとり、メモを見つける。「失望するな、意気消沈するな。われわれは諸君たちとともにいる。われわれは行動しているのだ！」

客席は満員だった。観客は熱狂して自分の気持ちを表現していた。叫びや、抗議の怒りの言葉が聞こえた。いや、これはたんなる授業ではない。これは闘争への呼びかけだったのだ。演し物がおわると、学校の建物は警察に囲まれた。くだんの調査がはじまったが、ただ今回はより厳しく、過酷なものだった。パスポートをわたしは携帯していなかったし、家のテーブルの上にはレーニンの本をおいたままだった。牢獄送りになりかねなかった。緊急になにか手を打たねば。

観客の顔をのぞきこんでいると、図らずもアンドレイス・クルツィースがいた。代議士であるかれは、法により侵害から守られている。そこで、わたしの家までいって、レーニンの本をなんとかしてくれるよう頼んだ。かれは鍵を手にとると、邪魔されることなく外に出た。わたしは、ひとの群れに紛れこみながら、出口へと徐々に進んでいった。偶然のおかげで逮捕を免れたのである。

この少しまえ、〈芸術劇場〉の創設者であり芸術監督であるエドゥアルツ・スミルギス〔一八八六―一九六六〕が、カルデロンの戯曲『サラメアの村長』〔一六四二年〕を上演しないかと誘ってくれた。わたしは、この上演について、ヤーニス・ライニスと相談することにした。かれは、亡命先から最近もどり、第一シーズンの間、劇場の支配人をしていた。

ライニスの博学ぶりと率直さにはいつもながら圧倒される。わたしが自分の意図について語ると、かれは、上演構想をもっと細かく明らかにしてくれるよう求めた。当時、わたしはコメディア・デラルテの歴史を調べており、このイタリア民衆演劇の倫理性や鋭い社会批判に惹かれていた。わたしは、戯曲をデラルテの様式で上演したいと思っていると言った。

「とはいえ、カルデロンはイタリア人ではなくスペイン人だからね」とライニスはほほえみながら、反対した。「それに、かれは厳格な様式の劇作家で、『サラメアの村長』の構成はとても整然としている」

「はい、そのとおりです。でも、カルデロンはスペインの民衆演劇と密接な関係にありますし、『村長』は宮廷のためではなく平民のために書かれています。それこそがわたしには魅力的なのです」

「おそらく、選択は正しいでしょう」ライニスは同意した。「しかし、もちろんおわかりでしょうが、安直な道を進むおそれもあります。つまり、外面的な滑稽さに夢中になってしまいかねません。民衆的ティパージュ〔タイプをかたちづくる総合的特徴〕なら、明瞭な形式は添えらえるはずです。しかし、形式が戯曲の深い意味をおおいかくしてしまわないためには、形式におぼれてはなりません。それに、じつにおもしろいことに、カルデロンは狂信的なカトリック教徒ですが、かれのドラマトゥルギーには真剣な社会的問題があちこちに顔をだしています。かれが生き、創作していた歴史上の時期を研究して、まちがいのないようにやってみることです」

ライニスは成功を祈ってくれた。けれども、残念ながら、この上演は実現できずじまいだった。

さて、いつだったか、わたしのもとにレオンス・パエグレが立ち寄った。

「史劇『幾世紀の顔』を書いたんだ。たぶん、むしろアレゴリー的叙事詩かもしれないけど」かれは言った。「歴史上のいつの日も、ひとがひとを抑圧しており、暴君との闘いはけっして治まりはしないってことを示したいんだ。人びとに、その不幸の理由をつねに思い起こさせ、抵抗へと呼びかけねばならない。芝居を数百人ではなく数千人に見せるときが訪れたんだ」
戯曲『幾世紀の顔』〔一九二一年〕はすこぶる魅力的で、上演に適していた。観客の眼のまえで、人類の千年以上の歴史絵巻が繰り広げられるのである。古代のエジプトやギリシアでの奴隷の蜂起、ローマのスパルタクスの反乱、中世の農民暴動や宗教戦争、現代世界の階級闘争の場面。構想は壮大だった。その規模や構成からして『幾世紀の顔』は、民衆的見世物になるにちがいなかった。その演劇空間となるのは公園や広場である。

人民大学の理事会は、数多くのアマチュア俳優が参加した野外での大規模な演し物を、サウレスダールス公園（太陽公園）で実現させ、世論を本格的に行動にふるいたたせることに決めた。

レオンス・パエグレは、左翼の労働組合や人民大学の学生にたいして群衆劇への参加を呼びかけるよう提案した――上演は壮大なものとなる予定であり、スタジオの生徒みずからが仕切るには手に余った。プロの劇場から幾人かの芸術家が参加することは拒まれず、オペラ歌手のイエーカプス・カールクリンシュ〔一八六七―一九六〇〕、オペラ座のバレリーナ（遺憾ながら、苗字を覚えていない）、その他も加わった。

芝居はわたしたちが大急ぎで準備し、リハーサルにひんぱんにきていたライツェンスとパエグレも、親切なアドバイスで助けてくれた。

待ちにまった「文化祭」の日がやってきた。わたしたちは政治的カーニヴァルを催すことにした。スタジオで学んでいた者たちの一部――生徒たちと左翼労働組合の青年労働者――は、衣裳と仮面をまとって馬車で進み、ほかの者たちは、リーガの通りを頭上高くスローガン――「収監者たちに自由を！」、「プロレタリア芸術に自由を！」、「知識と文化を民衆に！」――をかかげて行進していった。

カーニヴァルの行列の先頭には、芸術や文学の領域で人気を博している進歩的活動家たちが歩んでいた。ライニス、クルツィース、デルマニス、パエグレ、ライツェンスその他である。

カーニヴァルのパレードは、市内を通過していった。駅の向こうのギムナジウムから太陽公園まで。奴隷の男女や軍人、ローマの剣闘士、ギリシア人、エジプト人、僧侶などの衣裳でメーキャップをした俳優たちが進んでいき、そのなかにはマルティン・ルターもいる。異端審問官やアクロバット芸人、踊り子、喜劇的人物も歩んでいった。

リーガ市民は、パレードが進んでいく各通りを埋めつくし、バルコニー一面に貼りついたり、屋根にのぼっていた。少年たちは塀にまたがったり、桟によじのぼっていた。わたしたちに向かって赤いナデシコが投げられ、赤いリボンが大きく振られていた。ときおり、歓迎の叫びが聞こえてきた。「労働者の文化に自由を！」、「社会主義ばんざーい！」、「牢獄を開け放て！」。しかし別の――とげとげしくて激昂したヒステリックな――叫び声もあった。「コミュニストは失せろ！」、「ソヴィエトにへつらうボリシェヴィキにとどめを！」、「け・い・さつ！　け・い・さつはどこだ？　警察はどこを見ているんだ！」。わたしたちの隊列には、石や腐った卵、ジャガイモ、ありとあらゆる腐敗物が飛んできた。ともあれ、これは信じがたい光景だった。秩序の遵守者たちが見ているまえを、反政府的な政治デモンストレーションが通過していったのである。

警察は、わたしたちに干渉しなかった。あとで理由がわかったのだが、権力は労働者の武装行動を恐れていたのだ。太陽公園では、ステージまえの広場一面が人びとであふれかえっている。五千人も集まっていた。リーガでの大規模な祝祭は以前にもおこなわれてはいたが、これほど大きな規模ではない。

かくして、わたしたちは舞台上に立った。最初に、レオンス・パエグレが短いが情熱的なプロローグを語り、たちまち聴衆の心をつかんだ。『幾世紀の顔』にたいする音楽を書いたのは、ラトヴィアの作曲家ヤーニス・レインホルツ〔一八八二―一九三八〕。おもな登場人物を演じたのは、演劇スタジオの生徒たち、V・プラツェーンス、T・アヴォティニャ、V・ヤウンティラーネ、K・コズロフスカヤ、A・ラドゥスケ、K・ベールザーイスである。みごとなエジプト・ダンスを披露したのは〈オペラ座〉のバレリーナであり、歌手のカールクリンシュは、たいへんな危険を冒しながらも、レオンス・パエグレ作詞の革命歌をはつらつと歌った。

芝居の筋を再話するのはやめにして、フィナーレについてだけ話しておこう。戯曲は、白衛兵から傷を負わされた若き革命家の死の場面でおわっていた。死の間際に若者は発する。「労働者の統一、万歳！　革命、万歳！」

張りつめた静寂の中、死に瀕している者を助けにきた「通行人」のアピールが鳴りひびく。「われらが同志の最後の望みをかなえると約束してください！　全面的勝利を得るまで、戦いの旗を手放さないと約束してください！」

「約束するぞ！」舞台上の俳優たちが一斉に応える。

と突然、観客の群れの中にまず単発の声「約束するぞ！」が鳴りひびき、そのあと団結の輪が広がっていき、あらゆる方向から幾千もの声が押し寄せ、とどろきわたる。

「約束するぞ！」

「労働者の統一を強化することを誓ってほしい！」いっそう鼓舞するかのように「通行人」が叫ぶ。

「社会主義の勝利のために戦うと誓ってほしい！」

そして、再び幾千もの声が力強くとどろく。

「誓うぞ！」

戯曲は、警察により禁止されていた「インターナショナル」でしめくくられた。リハーサルでは、わたしたちはそれを歌わなかった。けれどもここでは、芝居のしめくくりの台詞のあと、少し間をおいてから、五千人の群衆が「インターナショナル」を歌いだした。そこで、わたしたちも、興奮にうちふるえながら、皆といっしょに歌った。

起て、飢えたる者よ、
いまぞ日は近し！……

芝居はおわった。けれども観客は解散しなかった。新しい歌——闘いで倒れし者へのレクイエム——がひびきはじめた。「諸君は犠牲になり、倒れし」と。わたしたちも意気揚々と続きを歌った。

気持ちが高ぶり、幸せにあふれ、希望に満ちた、祝祭の組織者たち（ライニス、パエグレ、クルツイース、デルマニスもふくむ）は、芝居のあと集合し、いま生じたばかりの演劇の可能性を検討に付した。ライニスは、群衆劇の意義はいくら高く評価してもしすぎることはない、この必要な事業を継続し、政治的なレビューや即興を用意しなければならないと話した。かれは古代ギリシアの演劇について語った。そこでは、アテネのディオニソス劇が三万人を収容し、メガロポリス劇となると四万人すら収容している。大規模なモニュメンタルな芝居のための新たな技術的装置や、野外での演技のための俳優の準備などについて考えるべきだ、とかれは言った。パエグレはソヴィエト連邦における群衆劇について語った。わたしたちは夜が更けるまで語りあったのであった。

ライツェンス『ホ・タイ』(ラトヴィア語, 1922年)のロシア語訳, 1983年

ごく小さな出来事ですら通常はとりあげ、俳優の生活のごくささいなことまで興趣の種にしていたリーガの各新聞は、今回は「文化祭」に「触れず」、政治的カーニヴァルを完全に黙視した。

人民大学の理事会は、芝居『幾世紀の顔』をスィグルダで上演することに決めた。けれども、わたしたちの成功に深刻な不安をおぼえた右翼の社会民主主義者やメニシェヴィキは、上演の阻止を企てた。かれらは、わたしたちとそう離れていないところで大規模な大衆の野外遊楽を催した。吹奏楽を演奏し、ビュッフェをだし、ビール瓶のはいったばかでかい籠を荷馬車に載せていた。上演の間、多くの者は、どちらを選んだものやら悩み、右往左往していた。今回は、わたしたちの成功はさほどきわだったものではなかったものの、労働者観衆の共感は長きにわたり絶えることはなかった。「文化祭」は、二年後に「労働祭」と改名し、太陽公園では伝統となって、毎年ますます多くのひとを引き寄せていく。

この時期、わたしにもっとも近しい人物となったのはリナルツ・ライツェンスだった。親密な精神的交流は大いなる友情へと成長していった。リナルツは闘争の同志となり、わたしたちは、ラトヴィアにソヴィエト政権を再建するために最後まで闘うことを誓い合った。

芝居のあとまもなく、パエグレとデルマニスとライツェンスが逮捕された。しばらくして、わたしのところへも警察がやってきた。

アルベルタ通りの政治指導本部の建物で、空室に閉じこめられた。お腹がすいてきたわたしはドアの取っ手を引っ張ってガタゴト音を立てたが、応答はなかった。そこで、椅子でドアをたたきはじめた。

ドアが開け放たれ、今度は監房行きである。綿入れの敷き布団のベッドがあり、壁からは破けた壁紙が垂れている。ドアが閉じられた。真っ暗闇の中でたちまち南京虫の襲撃にあった。

昼間、囚人たちはトイレにつれだされていたが、そこの錆びた管の裏に巧みに手紙を隠していた。ある女性がわたしにメモを手渡したが、それはライツェンスの筆跡だった。メモは「ホノルル！」との呼びかけではじまっていた（ハワイの島の名）。リナルツは、尋問のときの振る舞い方――おどおどしないこと、どんな嫌疑も否定すること――をアドバイスしていた。「タイチ」との署名があった。わたしは返事に「ホノルル」と署名した。

のちにライツェンスは、わたしに捧げた抒情詩集を、わたしたちの「名」の最初の音節をとって『ホ・タイ』〔一九二二年〕と名づけている。

翌日の夜、わたしは尋問に呼びだされた。予審判事は、以前にモスクワでの避難民集会で会ったことのある学生だった。かれは、わたしがコミュニストたちとつながっているとの嫌疑をかけてきた。けれども、わたしはリナルツの教訓を覚えていて、いかなるコミュニストともリーガで会ったことはありませんと答えた。尋問中、わたしにまぶしくライトがあてられた。眼をくらませ、わけがわからなくなるのを期待していることは明らかだった。しかし、わたしは自説を断固ゆずらなかった。「いかなるコミュニストも知りません」と。

監房へともどる途中で見知らぬ逮捕者と会ったが、かれの頭には包帯が巻かれ、包帯には血がにじんでいた。

予備収容監房にわたしは一月ほどはいっていた。毎夜、壁の向こうから、すさまじい叫び声が聞こえてきた。逮捕者たちが殴られていたのである。

救ってくれたのはティヤ・バンガである。わたしの逮捕を知ると、彼女は知人たちを介して、内務大臣に頼みこんでくれたのだ。このことをわたしが知ったのは、家にもどってからだった。

演劇スタジオで活動をつづけることは、もはやありなかった。大学の新しい理事会は、コミュニストの逮捕のあとメニシェヴィキから条件を突きつけられたため、あまりに革命的な教案を根本的に変えるよう提案した。わたしは断り、理事長のアンドレイス・クルツィースに助けを求めた。

「あなたと同意見です」かれは言った。「しかし、問題は多数決で解決されるようになっています。教案に反対することが可決された以上、残念ながら、わたしにはなにひとつ変えることはできません」

さて、どうしたものだろうか？　劇場での仕事は見つからず、かといって、教案を変えるという要求には同意できない。

当時、演劇関係の新聞雑誌は、ドイツの演出家たちの実験精神や、新しい演劇潮流の誕生、マックス・ラインハルトの革新的探究などについて、さかんに書いていた。ラインハルトの名は、その頃、規範的演劇の改革のシンボルだった。わたしは、ドイツには〈フォルクスビューネ〔民衆舞台〕〉があることや、ドイツでは共産党が合法的に活動していることを耳にした。

そこでわたしは、ドイツにいき、ドイツ演劇の経験を学ぶべきであると決心した。ビザを手に入れるのは、アレクサンドルス・ダウゲが助けてくれた。ベルリンで演出術を学びたい、とかれに言ったのである。

リナルツは、思いとどまらせようとした。リーガに残るよう訴えたが、わたしはゆずらなかった。わたしを見送るとき、リナルツは、ラトヴィア人の彫刻家・記念碑制作者カールリス・ザーレ〔一八八八―一九四二〕への推薦状をわたしてくれた。わたしは女優マリヤ・レイコ〔一八八七―一九三八〕の名刺も携帯した。この名刺を、わたしはまだギムナジウム時代から保存していたのである――女優がリーガに客演してきた折りに、ハインリヒ・マンの『ルグロ夫人』〔一九一三年〕に出演している彼女を、幸運にも見ることができた。上演がおわると、わたしはナデシコを手に舞台にのぼり、レイコに差しだした。たぶん、わたしの顔がとてもうっとりとした表情になっていたせいだろう、彼女は微笑んで花を受けとり、「ベルリンにきたら、電話をちょうだい」との言葉をそえた名刺を、わたしにくれたのだった。

7[7]

ベルリン、ライヒとの出会い

一九二二年の春、わたしはベルリンにやってきた。安い部屋を見つけるのは容易でなく、カールリス・ザーレが一時的に自分の部屋をゆずってくれた。この建物には、ロシアの亡命作家たち、アレクセイ・トルストイ、アンドレイ・ベールイ、アレクセイ・レーミゾフ、ボリス・ピリニャークも住んでいた。

最初の何日かは、いくつかのマチネーを観にいった——若手の演出家たちが、やはり若手の無名の劇作家の戯曲を上演していた。演出家たちは観劇料を徴収していなかった。このようなマチネーのひとつで、アルフレート・ブルスト〔一八九一―一九三四〕の戯曲『歌う魚』〔一九二一年〕を観た。この芝居はよく覚えている。舞台上では神秘的ななにかが生じていたかのようだった。ミザンセーヌの構成が一風変わっていて、相互関係のもつれを彫塑的に表現している螺旋のようなものが使われていた。それに、きびしく抑制され統一された音楽的リズム、薄紫とオレンジ色の照明。この頃演劇から受けたもろもろの印象のうち、わざわざこの芝居について語るのは、これがわたしの生涯で重要な役割を演じたからである。

結局、カールリス・ザーレは、わたしのために私営のペンションの小さな一室を見つけてくれた。廊下には、わたしの部屋の向かい側に電話が掛かっていた。わたしは、レイコと束の間でも会う機会を得られればと思い、彼女に電話をした。マリヤは映画に出演したり、ラインハルトの劇場に出演していた。

「ようく覚えてるわよ！」どのような状況下で彼女の名刺を受けとったかをわたしが説明すると、彼女は言った。「で、いまはなにをしているの？　なぜベルリンに？」

わたしは、コミサルジェフスキー・スタジオや情操教育児童劇場、それから一七年一〇月にモスクワにいたことなどを語った。マリヤは自宅に招いてくれた。

大きな広間にたくさんの客人が集まっており、マリヤはわたしを紹介した。

「紹介しましょう、演出家のアンナ・ラーツィスです。十月革命のとき、彼女はモスクワにいましたのよ」

客人たちはわたしをとり囲み、質問攻めにした。モスクワに関連したすべてのことに、皆は大いに興味をそそられていたのである。とくに関心をいだいていたのは、客人のひとりで、若くてやせっぽちの人物だった。ふさふさした豊かな髪、灰色の大きな眼、貴族的な手。わたしがどこへ移動しようと、そばにあらわれ、たずねるのだった。「タイーロフのシステムについて話してください。メイエルホリドはいまなにを上演しているのですか？　スタニスラフスキーは？　『ミステリヤ・ブッフ』は好きですか？」

とうとう、レイコがかれを紹介した。

「ベルンハルト・ライヒ博士です。あなたがとても気に入った『歌う魚』を演出した方です」

ただちにわたしも、依然としてそばを離れずにいるこの若者に興味を持った。

客人のなかには、人気を博している映画監督フリッツ・ラングもいた。

「わたしのスタジオにいらっしゃいませんか」かれはたずねた。「どのように撮影がおこなわれているかご覧ください。群衆シーンに参加もできますよ。いまは『死滅の谷』という映画を撮影中です」

わたしは、群衆シーンでも払いは悪くないと聞いていたので、招待をお受けした。真剣かつ入念に、撮影への準備をした。試写のとき、コマのなかに一瞬ちらつく女性が自分であることにかろうじて気づいたときのわたしの失望は、いかばかりだったろうか。その代わり、出演料はこれ以上ないタイミングで頂戴した。

その夕べは、マリヤに断って、皆様にお別れのあいさつをしないまま帰ることにした。撮影がはじまるのが早朝であるのたいし、ノイ・バーベルスブルクにたどりつくには一時間以上かかったのである。こっそりと玄関口へ出た。ナデシコを生けた花瓶がおかれている小テーブルのわきにライヒが立っており、わたしのほうをじっと見ていた。灰色の眼が悲しげだった。わたしは、我知らずなにかでかれを不快にさせたのではと考え、花瓶から一輪とり、かれのフロックコートの折り返しに差した。

ラング『死滅の谷』のポスター，1921 年

「ぼくは、あなたとおなじ帰り道です」かれは言った。「よろしければ、お送りします」

わたしたちはいっしょに外に出た。そして、この記念すべき夜以来、五十年間、ならんで歩んできたのであった……


あるとき、家に帰ると、手紙が届いていた。「赤いナデシコはわたしのサイドテーブルのコップの中に差しています。ナデシコは出会いを待っています」

と、そのとき、電話のベルが鳴りひびいた。ライヒだった。

「戯曲についてあなたと相談できないでしょうか」

かれは一冊の本を手にやってきた。それはポール・クローデルの『交換』〔一九〇一年〕だった。

「ここにひとつエピソードがあります」ライヒは言った。「二人の男がひとりの女性を愛しているんですが、彼女はどちらを選ぶべきか、ずっと決めかねています。とどのつまり、子どもの数え歌に頼ります。最後の言葉が当たったひとと残るというわけです。あなたなら、演出家としてどのようにこのミザンセーヌを演出しますか？」

「すこぶる簡単ですわ。ここに、あなたが立っています。隣にはわたしがいます。ここに、もうひとりの男性がいます。わたしは、かれの代わりに椅子をおきました。去っていくべきはどちらでしょう？　ようく見ててください」

わたしはライヒに近づき、肩と肩が触れあった状態で、数えはじめた。「トゥチー・ルチー・ビイリ・ブーム！」。椅子が「去っていかねばならない」ことになり、ベルンハルトは残るべきということになった。そのときわたしには聞こえてきた。かれの心臓の鼓動がとても速くなっているのが。一

ラーツィス，1920 年代（「1918 年」とする文献もあり）

瞬、この高鳴りが部屋じゅうにひびきわたっているような気がしたくらいである……

*

この日から、わたしたちは毎日いっしょにいるようになった。当時、ライヒは〈ラインハルト・ドイツ劇場〉で働いていた。わたしたちは、よく芸術家カフェにいった。そこでは、リハーサルのあと、俳優たちが休憩しており、食事をとったり、チェスをしたり、議論したり、戯曲を読んでいた。これぞクラブと呼ぶべきものであり、まもなくわたしは、多くの俳優や演劇人と知り合いになった。たぶん、わたしとライヒがとくに親しかったのは、劇作家バラージュ・ベーラ〔一八八四―一九四九〕と劇場の文学部門主任アルトゥール・カハネ〔一八七二―一九三二〕だったろう。

しばらくしてわたしは、ライヒの助手として招かれ、劇場と契約をとりかわした。そのすぐあと、カハネが言った。ライヒにはストリンドベリの『令嬢ジュリー』〔一八八八年〕の演出が提案され、ライヒはフランドル民話のひとつ（題は覚えていない）を加えることにした、と。ついては、この民話の戯曲的解釈をやってみる気はないか、とカハネはたずねた。わたしは同意し、戯曲に取り組んだ。フランドル人の習慣や慣習を研究し、民族衣装や装飾を入手した。カハネは作業を奨励してくれた。「ライヒの指揮下であなたがそれを演出するといい」

令嬢ジュリーを演じたのは、有名なエリーザベト・ベルグナー〔一八九七―一九八六〕である。

ライヒとわたしは多くの点で一致していて、ともに文学を愛し、関心も趣味もおなじだったが、いちばん肝心なのは、言うまでもなく、演劇にたいする熱烈な愛である。わたしはかれに、メイエルホリドやタイーロフについて、スタニスラフスキーやネミロヴィチ゠ダンチェンコの革新的探究について語った。ライヒは、ソヴィエト連邦の演劇状況や、ロシアに革命がもたらした新しいこと、有意義なことすべてに、強く関心をいだいていた。かれは、マルクスやレーニンを読むようになり、レーニンの『哲学ノート』〔一九二四年〕を入念に研究していた。見るみるうちに、ライヒの芝居はますます明瞭に社会的性格をおびていくことになる。

ライヒは、〈ドイツ劇場〉での『リア王』〔一六〇四〜〇六年〕の演出を手伝ってくれるよう、わたしに提案した。主役は、類いまれな変身能力を有しており才能あふれる俳優ヴェルナー・クラウス〔一八八四—一九五九〕が演じた。けれども、かれとの作業は異様なまでにむずかしかった——わたしがソヴィエト演劇をプロパガンダしているものとみなして、敵意をいだいており、わたしたちの仲間をライヒやわたしに反対させようと図っていた。のちに、かれはファシストたちの味方になる。

けれども劇場には進歩的な俳優や演出家も少なくなかった。かれらはつねに好意的で温かく接してくれた。

8

表現主義演劇、ミュンヘン、ブレヒト

ベルリンでは、実験的な演出家たちの創造に関心をいだいた。なかでも惹かれたのは、元〈帝室劇場〉、のちの〈国立ドラマ劇場〉の劇場監督であり、社会民主主義者のレオポルト・イェスナー〔一八七八―一九四五〕と、演出家カールハインツ・マルティン〔一八八六―一九四八〕だった。

イェスナー演出のシェイクスピア作『リチャード三世』〔一五九一年〕における、舞台空間をそっくり埋めた高くて赤い階段は、永遠に記憶に残っている。当時の語られ方でいえば「イェスナー階段」である[8]。一貫して階段上で芝居が展開されていくのだが、それは第四幕までは、奇妙なまでに表現力に乏しく、けだるくて、アクセントや色彩を欠いていた。第四幕になるや、リチャードは、階段に敷かれた血のように赤いじゅうたんのうえを、王冠に向かって勢いよく駆けあがる。権力に酔いしれ、有頂

天になって。

最初の三幕は、イェスナーにとってはゆったりとした導入部でしかなく、荒れ狂う猛烈な勢いの真の出来事は、このシーンからはじまっていた。

権力の快楽は長くはつづかなかった。このおなじ赤い階段を、王はつまづき、よろめきながら、おのれの命を守ろうと逃げていく——権勢を失い、打ち負かされた哀れな暴君が。

こうした演出はイェスナーに特徴的なものである。ほかの芝居、グラッベ〔一八〇一―三六〕の『ナポレオン、または百日天下』〔一八三一年〕、シラーの『ヴィルヘルム・テル』〔一八〇四年〕、『ドン・カルロス』〔一七八七年〕、『ジェノバのフィエスコの反乱』〔一七八三年〕でも、暴政の瓦解が前面に推しだされている。『リチャード三世』の場合と同様、演出家は、劇を主人公中心に進めており、二次的なキャラクターや副次的な流れを後方にしりぞけるか、でなければ芝居からまったく除外して、観客の注目をフィナーレの場面——抑圧者の死、専制政治の破綻——に集中させていた。

もうひとりの演出家マルティンは、ドイツ最初のプロレタリア劇場〈トリビューネ〉の創始者である。一九二二年にマルティンは、ベルリンの俳優たちのストライキに参加した。

マルティンの演出は、派手な舞台装飾やグロテスクな仮面に加えて、俳優たちの身振りやイントネーションの強烈な特徴づけで、またたくまに注目を集めた。その表現主義的芝居には、戦争への嫌悪が激烈に鳴りひびいている。演出家エルンスト・トラー〔一八九三―一九三九〕の『転変』〔一九一九年〕で導入した「身体障がい者のパレード」は、観客の心をゆさぶり、観客は積極的な抗議へと目覚めていった。マルティンは、当時牢獄で苦悶していたトラーの『機械破壊者』〔一九二二年〕も演出し、〈大ドラマ劇場＝サーカス〉であざやかに成功を収めた。

二三年秋に、ベルンハルト・ライヒは、〈ミュンヘン・カンマー・テアーター〉の劇場主任兼演出家として招かれ、わたしたち家族はバイエルンの首都ミュンヘンに引っ越した。この都市は、ほんもののの文化とプチブル的な悪趣味が奇妙に入り混じっており、わたしには不思議な感がした。誉れ高い画廊がいくつかある一方、俗っぽい石膏像や石膏彫刻、豪華なアーチ、「飾りのような」広場と公園があった。

ミュンヘンでは、わたしたちは初めてベルトルト・ブレヒトと出会った。かれも、〈カンマー・テアーター〉に演出家として招かれていたのである。

ライヒとブレヒトの相互関係の進行は、はたから見ていて興味深かった。かれらのやりとりのひとつを覚えているが、ライヒが自分はヴェーデキントとストリンドベリに惹かれているというと、ブレヒトはどちらの劇作家にも興味はないと言った。たぶん、けっしてそうではなかったろうが。最初の頃、ブレヒトとライヒはそれほど相性がよくなかった。おまけにブレヒトは、すでに戯曲を三作——『バール』〔一九二三年〕、『夜打つ太鼓』〔一九二二年〕、『都会のジャングル』〔一九二三年〕——と、数多くの独創的な詩を書いている。当初、ライヒはブレヒトの劇にやや懐疑的だった。けれども、ブレヒトがリオン・フォイヒトヴァンガー〔一八八四—一九五八〕と共著で、クリストファ・マーロウ〔一五六四—一五九三〕の劇をもとに書いた戯曲『イングランドのエドワード二世の生涯』〔一九二三年〕を読んだとき、劇作家ブレヒトにたいする評価は一転し、心底敬意をいだくようになった。

「ねえ、アーシャ」かれは言った。「たったいま手稿を読みおえたところだ。この若造はたいへんな大物だよ」

当時、ブレヒトはわずか二十五歳だったが、もっと若い青年のように見えたのにたいし、わたしとライヒはすでに「中年の」人間で、双方とも三十二歳だった。演出家ブレヒトとその革新性を、ライヒはともに高く評価した。人物と創作のあいだに齟齬がなかった。

ブレヒト，1927年

ミュンヘン都心は輝いており、毎日ここでは、通りだけでなく建物も洗浄されていた。他方、郊外の労働者集落では、暗い住まいと低い天井の小さな建物がふつうだった。まさにそのような陰気でじめじめした住まいに、ブレヒトの家族も暮らしていた。かれと、娘のハンネ〔一九二三－二〇〇九。女優〕、妻のマリアンネ〔一八九三－一九八四〕の三人暮らしで、マリアンネは美しくて若い女優だった。

あるとき、わたしとライヒは、ミュンヘンのきらびやかな並木道のひとつで、ベンチに腰をおろしていた。

ブレヒトとマリアンネが近づいてきた。わたしたちは挨拶を交わし、かれらも腰をおろした。そして、ブレヒトがあれこれたずねてきた。わたしがコミサルジェフスキー・スタジオで学んでいたというのはほんとうなのか、と。わたしは「ほんとうですよ」と答えた。かれの眼はらんらんと輝きだし、いつもちょっと斜めにかぶっていた皮のキャップをいきなり脱いで、叫んだ。

「お願いですから、どうか聞かせてください、さあ、話してください。ああ、なんたる奇蹟なんだろ――モスクワですよね?! どんな劇場があるんですか? タイーロフ、メイエルホリド、スタニスラフスキー? さあ、聞かせてください!」

話ははずんだ。その後、わたしたち家族はつねにいっしょだった。わたしたちはしょっちゅう会っており、ダーガをつれてわたしはマリアンネのところにいき、彼女が買い物に出かけているあいだ、幼いハンネを見守っていた。

ブレヒトの暮らしぶりはとてもつましかった。部屋のひとつに、タイプライターを載せた机があった。劇作家は、自分のまわりの物にとても愛着を感じていた。たとえば、仏陀に似た東洋人らしき男性の小さな肖像画を手放さなかったことを、わたしは覚えている。

外見からすると、ブレヒトは芸術関係者とはとうてい思われず、むしろ労働者に近かった。灰色の運動着、ネクタイなしのシャツ、皮のキャップか運転手の帽子、かかとのすり減った粗末な靴といった出で立ちで、口にはもう火が消えたか、ほぼ消えかけている太いたばこをくわえている。

ブレヒトは友人思いで、誠実だったが、それと同時に控えめでもあった。ほめたたえることは少なかったが、物思いにふけったように首をかしげて、驚くほど注意深く相手の言うことに耳を澄ましていた。同意すると、黙ったままうなずき、そうじゃないと当惑げに肩をすくめる。けれども、友人のだれかが苦境におちいったときなどは、頼まれもしてないのに、みずから応援に駆けつけるのだった。まれに見る、友情に厚い人物で、その献身ぶりは徹底していた。

ブレヒトは、繊細なマナーを身につけているわけでなく、おうおうにして不器用で、内気であり、ふだんは物静かに単調に話していたが、かっとなったときには甲高く激しく叫んだ。かれの逆鱗に触れた者は、当然の報いを受けることになる。ブレヒトの論拠は反撃しがたいものであり、敵を徹底的に論破していた。

現象や各人物の性格の本質を見抜くブレヒトの能力は、かれと話してみると心底実感できる。かれの判断や評価には、その独創性や説得力豊かな正確さでもって驚嘆させられた。穏やかに少しずつ自分の観点、それも通常は意外な観点を表明し、それゆえ、芝居の構想を、まったく別の光を当てて示すのであった。

ブレヒトとの付き合いは、エクスタシーに近い状態にあって初めて創作が可能であるかのような錯覚から、解放してくれた。創作というものは、知識と分析、忍耐強さ、根気を必要とする、体系的な仕事なのである。

ブレヒトは、すでにいくつかの劇や小説、批評を書いていたリオン・フォイヒトヴァンガーと仲がよかった。大邸宅に住んでいたフォイヒトヴァンガーのもとに、わたしたちはよく出かけたものである。かれの書斎はおそろしく乱雑で、羊皮紙製らしき巻物のようなものや、埃まみれの古い本、書類の山が散乱していた。けれども、やがて、この混沌状態のなかに一定の体系があるらしきことがわかってきた。小柄で、やせていた当の主は、ベージュ色の擦り切れたフランネルのジャンパーを着ており、格別に几帳面な人間だった。かれは、自分の「混沌状態」――膨大な量の歴史的資料、古文書、古い書類――を、頭の中でしっかりと整理していた。

午前中は、フォイヒトヴァンガーはだれとも会わなかった。他方、毎晩、常連客が集まっていた。ブレヒト、画家のカスパー・ネーヤー〔一八九七―一九六二〕、演出家のエーリヒ・エンゲル〔一八九一―一九六六〕、わたしとライヒである。これは一種の「ディスカッション・クラブ」だった――わたしたちは、芸術をめぐって熱く議論を戦わせ、新しい戯曲や舞台処理の構想を検討に付し、現代演劇はいかにあるべきかにたいする自己の見解を述べていた。

もうひとつフォイヒトヴァンガーの特徴をあげておくと、かれは慧眼であった。

一九二三年秋のミュンヘン。いつだったか、劇場の外に出たとき、わたしたちは、皺だらけの帽子をかぶり片手を前方に突きだした男を先頭に、通りを駆けていく若者の一団を眼にした。若者たちは「ハイル、ヒトラー！」と叫んでいた。わたしたちは、これはばかげた喜劇だとみなして、劇場にもどり、リハーサルをつづけていた。

しかしフォイヒトヴァンガーだけは、このことを耳にすると、「いや、これはおふざけなんかじゃない」と言った。フォイヒトヴァンガーは、わたしたちよりも賢明で、ヒトラーが催した「ビアホール・クーデター」(9)がなにをはらんでいるかを理解していたのである。

フォイヒトヴァンガー家でのある話し合いの折り、わたしは『エドワード二世の生涯』の群衆シーンに関する自分なりの扱い方を提案した――反戦的モティーフを伴ったこの戯曲では、全員におなじ色の衣裳をまとわせて、兵士たちにまったく個性がないことを示すことが必要で、兵士たちは太鼓の連打音に合わせて行進し、糸で引っ張られたマリオネットをほうふつさせるべきである、と（のちに、カール・ヴァレンティン〔一八八二―一九四八〕がかれら全員の顔を白塗りすることを勧めてくれた）。ブレヒトはこれに興味をいだき、わたしに助手になるよう提案した。けれども、〈カンマー・テアーター〉の管理部は、わたしと契約をむすぶのを拒んだ。わたしはコミュニストとみなされており、またなにぶん、バイエルン・レーテ共和国〔一九一九年四月にバイエルンで社会主義者たちが革命を起こしてつくった社会主義政権。一月足らずで幕を閉じた〕が制圧されたのも、そう昔のことではなかった。

「コミュニストだって？　わが劇場で？　ありえない」とブレヒトは言われた。

けれども、ブレヒトはけっしてあきらめることはなかった。かれは、管理部に最後通告をした。

「アンナ・ラーツィスを助手に指名することに同意しないならば、戯曲は没収します！」

前払い金はすでに一部支払われており、舞台装置用の金も尽きていたため、管理部はしぶしぶ妥協した。

ブレヒトは、きわめて簡素なかたちで演出することによって、主役の俳優たちが偽りの情熱を伴うことなくモノローグを発し、人びとがふだん会話しているように話すようにした。舞台装置を担当したのは、才能に満ちあふれ、独特きわまりない画家のカスパー・ネーヤーで、印象深い舞台装置をつくりあげながらも華麗さや派手さを避けていた。

わたしは群衆シーンのリハーサルにとりかかったが、そのとき思いもかけずブレヒトが、芝居の中でエドワード二世の王子役を演じないかと提案してきた。

記憶に残っているのは、役柄全体のなかのたったひとつのせりふ「神よ。この時に死せる者たちの罪に赦免を与えたまえ！」である。よく覚えているのは、いかにブレヒトがわたしといっしょにモノローグ全体を仕上げていったかである。わたしはそれをモノトーンで、しだいに叫びへと移行しながら発し、もっとも張りつめた箇所で突然沈黙しなければならなかった。ブレヒトの解釈では、王子は勝手気ままで、残酷で無慈悲だった。

同時に、わたしは群衆シーンのリハーサルもつづけていた。端役者たちから、しかるべき鋭くて断続的なリズムを引きだせてはいたが、それでもなにかが足りなかった。なんだろうか？……

すばらしい喜劇役者で、有名なカール・ヴァレンティンが、なぜだかリハーサルに居合わせており、「恐怖心、まさにそれをかれらは感じとらなくていけない。かれらは恐怖のあまり青ざめなくては」と言った。ブレヒトも付け加えた。「それと、疲労のあまり判断力を失っていることも」

ブレヒトは驚嘆すべき演出家だった。俳優たちから、正確で信憑性のある描写をつねに引きだしていた。一定の身振りや動きを重要と考えた場合には、それらを反復するよう倦むことなく要求した。また、役柄を開示していきながら、曖昧さや不明確さを演者たちから取り除いていった。なにかうまくいかないことがあっても、ブレヒトはかっかしなかった。自分の思いを遂げられると確信していたのである。かれは、主役であれ、もっとも地味な端役であれ、どんな俳優にもおなじように礼儀正しく、穏やかに接していた。

かれといっしょに働くのは楽ではなかった。かれは、リハーサルのたびになにか新しいことを思いつき、台本をしょっちゅう変えるし、俳優たちが新しい版を文字どおり本稽古前夜に覚えなくてはならないケースもまれでない。けれども、俳優たちはブレヒトの尽きることなきエネルギーと論法に鼓舞され、励まされており、我慢強く、かつ楽しく活動していた。

『エドワード二世の生涯』の初演を観に、ベルリンからミュンヘンに有名な演出家や演劇評論家がやってきたが、そのなかには著名なレオポルト・イェスナーと批評家ヘルベルト・イェーリング〔一八八八―一九七七〕もいた。わたしはとても興奮していた。総稽古ではブレヒトは、わたしが発したモノローグにも、役柄を演じるさいの極端なリズムにも満足していたが、わたしは自分の発音のせいで自信をもてないでいた。ラトヴィア語なまりが邪魔していたのである。

「きみのなまりなんか気にしないことだね」陽気にブレヒトは言った。「もしかしたら、きみはサクソン人かバイエルン人かもしれないんだから。肝心なのは、うまく演じることさ」

王子のモノローグはなんとか発したものの、ますます落ちこむ事態になってしまった。舞台を横切らねばならないシーンがあったのだが、途中でなにかを引っかけてしまい、ばたりと倒れてしまったのである。なんてひどいことに！　初演は台無し！　これは、さすがにブレヒトも許しはしないだろう。芝居のあと、わたしはかれと眼を合わさないようにし、晩餐会にも出かけなかったほどである。ところが、危惧は思い過ごしだった。ブレヒトは、わたしにやさしい眼差しを向けており、不幸な転倒についてひとことも触れなかった。わたしは思った。かれはまったくなにも気づいていなかったのだと。数日後もかれは、なにごともなかったかのようにほほえんだ。

「グーテン・ターク、アーシャ！」

わたしはこれでほっとしたのだが、エドワードを演じることはもうできなかった。かなりの時が流れて、ベルリンのソヴィエト駐在代表部で働いていたとき、わたしはブレヒトの仕事場を訪れ、ミュンヘン時代を回想していた。にこにこしながら、かれはたずねた。

「ミュンヘンで初演のときにころんだのを覚えてるかい？　ぼくが気づいていないと思ってた？」

かれは見ていたのだ！　覚えていたのだ！　けれども、いまやそれも思い出でしかなかった。

「どうしてあのとき何も言わなかったの？」

「それでなくとも、きみは死人同然だったからさ」

わたしはかれの敏感さ、機転に驚嘆した。のちに、ベルリンで、『椿姫』〔アレクサンドル・デュマ・フィス（小デュマ）が自作の小説を一八四九年に戯曲化〕において、ブレヒトがとくにわたしのために書き加えたエステルという、マルグリット・ゴーティエの友人役を演じ、情熱的にカンカンを踊ったあとに、かれはにこにこしながら近づいてきた。

「すばらしい……きみがほんものの女優だったとは知らなかったよ！……」

『エドワード二世の生涯』の初演のあと、警察は、モスクワからきたコミュニストにはここでなすべきことはなにもないと宣し、わたしをミュンヘンから追放した。娘をつれたわたしは、ブレヒトの故郷アウグスブルクへと赴くことになった。かれは、わたしたちに同行し、落ち着くまで手伝ってくれた。夜はわたしたちは、かれがまだギムナジウムの生徒だったときに使っていた部屋で過ごした。テーブル、椅子、ベッド、そして教科書で一杯の本棚。

翌日ブレヒトは、地下室に押し合いへし合いで暮らしていた労働者家族のところに、一部屋見つけてきた。このご家族から受けた親切は忘れがたい。やがて、近所のごくふつうの人びとが立ち寄るようになった。かれらはソヴィエト・ロシアの話を聞きたいとのことで、わたしはモスクワや十月革命、レーニンのことなど、知っていることすべてを語った。しばらくして、ミュンヘンに帰れることになった。マリアンネが懇願して、許可をもらってくれたのである。

ブレヒトは、『エドワード二世の生涯』の上演によって、お金が手にはいり、新しい服と帽子、シャツを買った。わたしが友人たちといっしょにいたあるとき、だれかが叫んだ。

「見て、見て、ブレヒトがゴム底を履いてるよ！」

ブレヒトは流行りだしたばかりの白いゴム底の高価な靴を買ったのだった。そのあと、わたしたちは長いこと、「ゴム底履きのブレヒト」とからかったものである。

ブレヒトは、プチブル的に整えられた生活慣習や、それとむすびついた約束事に我慢がならず、俗人からすれば「常識」だったことにしばしばさからっていた。かれがベルリンに引っ越すと、わたしたちはよくかれの仕事場にいった。それは天井の真下の高いところにあって、エレベーターが届いていないため、木製のあぶなっかしい階段をのぼっていくしかない。ドアのまえの壁には、骨を交差させた頭蓋骨の絵が何枚か掛かっており、「危険！」と書かれている。仕事場のとなりには、ベッドと椅子がおかれた小さな部屋があり、椅子はサイドテーブル代わりだった。大きな部屋には、長い木製テーブルがおかれていて、原稿が束に分けて並べられていた。かたわらにはタイプライターがあった。壁わきには書棚がおかれ、となりには小さなテーブルがあって、そこでコーヒーを飲んでいた。壁には、例によって、くだんの東洋の賢人の肖像が掛けられていた。ブレヒトは、このような環境を十分に楽しんでいた。その直前、かれは再び独り身になっていたのである。

ここではほとんどいつも、エリーザベト・ハウプトマン〔一八九七―一九七三〕を見かけた。彼女は秘書であるだけでなく、恒常的な共同作業者でもあった。彼女はベルリンの図書館に勤めており、みごとに文献調査をやってのけていた。ブレヒトは、自分の助手にならないかと提案した。ハウプトマンは同意した。かくしてこの友情、この生涯の長きにわたる共同作業ははじまったのである。エリーザベトは、英語ができ、翻訳し、ブレヒトの通信全般を受けもっていた。ロンドンにはお姉さんが住んでおり、ときおりたずねていっていた。いつだったか、ハウプトマンがジョン・ゲイ〔一六八五―一七三二〕の『乞食オペラ』〔一七二八年〕について話すと、ブレヒトはこの「反オペラ」に即座に関心を示した。これがブレヒト自作の『三文オペラ』〔一九二八年〕の礎となったのである。

ハウプトマンは日記をつけており、そこには、ベルトルトの人生と創造にむすびついたたいせつなことすべてが綿密に記されている。彼女だけが、ブレヒトの解読しがたい筆跡もなんなく読みとっていた。これは、ブレヒトが草稿に絶えず修正や変更をもたらしていたことをも念頭に入れるならば、けっして容易なことではない。

ブレヒトがカロラ・ネーヤー〔一九〇〇―四二。女優〕を愛するようになると、エリーザベトはロンドンに去り、そこで結婚するが、失敗におわる。彼女は、ブレヒトが彼女なしではいかに頼りなげであるかがわかっており、まもなくベルリンにもどった。ベルリンで、ハウプトマンは二度目の結婚をした。相手は、のちに有名な作曲家となるパウル・デッサウ〔一八九四―一九七九〕であり、ブレヒトの『肝っ玉おっ母とその子どもたち』〔一九三九年〕他の作品の音楽を担当した。結局、ハウプトマンはデッサウとも離婚して、ひとりで暮らした。彼女はいつもブレヒトだけを愛していたのである。

エリーザベト・ハウプトマンはわたしの親友だった。のちに、ライヒとベルリンにいたとき、よく

ブレヒトとハウプトマン，1927 年

エリーザベトのところに立ち寄ったが、ほとんどいつも仕事中だった。彼女はすでに視力が衰えていたが、疲労困憊するまで働いていた。敢えて言っておくが、エリーザベトの粉骨砕身なくしては、偉大な劇作家の全集はまず日の目を見なかっただろう。

わたしとライヒが、最後に一九六八年にドイツ民主共和国にいったとき（ブレヒトの創造に捧げられたシンポジウム「ブレヒト＝対話」）、エリーザベトは退院したばかりだったにもかかわらず、わざわざ見送りにきてくれた。ふと見ると、だれかが重そうなバッグを必死に運んできている。エリーザベトだった。わたしは迎えに駆けよった。

「お願いだから、無茶なことしないで」

「プレゼントをもってきたのよ」

わたしとライヒが乗った車がすでに発車したとき、わたしが振り向くと、エリーザベトの悲しそうな眼差しが見えた。彼女は、愛想よく手を振っていた……それが最後の出会いになってしまった。

数年後、リーガにドイツ民主共和国のテレビ・スタッフが、ハウプトマンについての話を録画するためにやってきた。彼女の八十歳記念の準備をしているとのことだった。そのあと、彼女から、〈ベルリーナー・アンサンブル〉が記念日に上演した芝居の写真が送られてきた。手紙の中で彼女は、記念日は楽しく過ぎ、とてもうれしかったと書いていた。それは、愛情たっぷりの手紙だった。

一九七二年にライヒが亡くなったあと、ハウプトマンはわたしをベルリンに招こうとした。「わたしにはわかるわ」彼女は書いていた。「あなたがとても孤独で、わたしといっしょなら元気になれることが。ここには、共通の友人がいっぱいいるわよ」。わたしはただちに向かう決心がつかずにいたが、ようやく出かけようとしたところに、喪の縁取りの手紙が届いた。わがエリーザベトの葬式への招待状だった……

けれども、一九二〇年代前半に話をもどすことにしよう。

ブレヒトのもとへは客人が絶えなかった。画家、俳優、哲学者、そしてサーカス芸人。ブレヒトは、サーカス芸人のむずかしい仕事を高く評価していた。客人にはコーヒーと乾パンがだされ、希望すればいつだってコニャックを飲むこともできた。とくによく訪れていたのは、ヘレーネ・ヴァイゲル〔一九〇〇―七一。女優〕、ライヒ、カスパー・ネーヤーである。かれらはニュースを持ちよるためにやってきており、通常、準備中の戯曲の断片を読んだり、新作の誕生したばかりのプロットを語ったりしていた。これは、集団制作作品と呼ばれていた。友人たちの意見、賛同や批判に十分に耳を傾けながらも、ブレヒトはほとんどいつも沈黙していた。おそらく、わたしがいちばん激しやすい批評家だったろうが、かれは腹を立てたりしなかった。

「アーシャ、たぶんきみは、ぼくがきみのアドバイスに従ってると思ってるよね？　そうでなければいいんだけど。ぼくはよく反対の行動をするからねぇ！　しかし、きみの批判はぼくの助けになっており、新たな発見へと仕向けてくれるよ」

当時、ブレヒトのもとに自動車があらわれた。かれは技師といっしょに、ゴミ捨て場みたいなところで拾い集めてきた部品で四輪車を組み立てたのである。ラジエーターの上には、「ブレヒト」と書いた小さな旗がとりつけられていた。

いつだったか、わたしたちはコンサートに遅刻しかかっており、わたしは初めてこの自動車で出かけるという危険を冒した。古い車体はきしみ、車の中ではなにかが脅すかのようにノックしており、いまにも分解しそうだった。通行人たちが立ち止まり、眼をいっぱいに見開いて、この「技術の奇蹟」をながめていた。わたしは居心地が悪かった。

「ベルト、なぜ、苗字を書いた旗をこんながちゃがちゃ鳴る箱に付けたの？」

「おやおや、遅刻しかかってるんじゃないの？」

「いいえ」

「でも、スピードは満足だろ？」かれはたばこをくゆらせながら、にやりと笑った。

「十分」

「じゃあ、いったいなにが不満なんだい？」

これには反論のしようがなかった。

9

イタリア、ベンヤミンとの出会い

ミュンヘンでは、すでに一年わたしたちと暮らしていたダーガが肺炎にかかった。医師は、ダーガをイタリアにつれていくよう、しきりに勧めた。一九二四年の春、ライヒはカプリ島に小さな家を借り、当人はドイツに引き返した。

身体を癒やしてくれる空気、青く輝く空、すばらしい紺碧の海――それが、カプリ。水平線には、軽やかな煙がいつもたちのぼっている――これは、ヴェスヴィオ山。夜中には、その火口から飛びあがる噴煙と火花が見える。高台からは、イタリア人が「ナポリを見てから死ね」と言っている都市をながめることができた。療養地の中心部には果物や野菜を商う小さな店がいくつかあり、近くには小さなレストランが一軒ある。

あるとき、わたしはダーガをつれて、新鮮なアーモンドを買いに店に立ち寄ったが、アーモンドをイタリア語でなんというのか、どうしても思いだせなかった。アーモンドを指さしたが、店主はオレンジやらレモンを差しだした。となりに立っていた男性が、いきなりドイツ語で話しかけてきた。

「奥さま、お助けしましょうか？」

「お願いしますわ」

かれは店員にわたしの願いを説明してくれた。

わたしは何袋も買い物をしたが、この見知らぬ男性はあいかわらずそばに立っていた。髪はびっしり生えて黒く、金縁の眼鏡の分厚いレンズは身動きするたびに光り、太陽で火花を放っていた。

「自己紹介させてくださいヴァルター・ベンヤミン博士です」

わたしが自分の名を告げると、袋を家まで届けさせてくださいといってくれたが、袋はかれの両手からするりと抜け落ちてしまった。二人とも大笑いだった。

ベンヤミン〔一八九二―一九四〇〕はダンディーに見えた。高価な縞のズボンを履いていた。「たぶん、金持ちのブルジョアの出なんだわ」わたしは決めつけた。道すがら、会話がはずんだ。かれは文学者、哲学者、翻訳者であって、学位請求論文「十七世紀ドイツ悲劇の誕生」を仕あげるためにカプリにきているとのことである。かれは、わたしたちが借りている家のテラスの玄関階段まで送ってくれた。一面に編まれたブドウの蔦でできた天井には熟した房がついており、大きな房がテーブルの真上に垂れさがっていた。別れ際に、ベンヤミンは再訪問の許可を請うた。

「ぼくはすでに二週間ほど、白いゆったりとしたワンピースをまとった女性と、緑の服を着た脚の長い女の子を観察してきました。あなたたちは広場《ピアッツァ》を歩くというより、ひらひらと飛んでいます！……」

ベンヤミンは足しげく通うようになり、わたしたちは仲良くなった。

あるとき、かれが午前中にやってきた。幼いダーガは目覚めたばかりで、まだ顔も洗わないまま、部屋をスリップで歩きまわっていた。ヴァルターはわたしに挨拶したあと、娘に手を差しだしたが、娘は突然わきに跳びのき、手を背中のうしろにかくして逃げていった。彼女は顔や手を洗うと、もどってきた。

「グーテン・ターク」彼女はヴァルターに手を差しのべて、愛想よく言った。ダーガは、顔を洗ったいまでは礼儀作法にかなっていて、客人と挨拶する資格があると確信していたのだった。

なにゆえこんなささいなことについて語るのかというと、このエピソードや児童心理の特徴について、ベンヤミンがのちに小品や著書『一方通行路』〔一九二八年〕のなかで書いているからである。(10)

ベンヤミンは大金持ちのユダヤ人家庭の生まれで、家族はベルリンの優雅なグルーネヴァルト地区の豪邸に暮らしていた。わたしは、ヴァルターが博識であるばかりか、現代フランス文学に通暁し、フランス語もドイツ語に劣らず身につけていることに驚嘆した。かれは、ボードレールやプルースト、ジロドゥ、ジッドを訳していた。かれの芸術論は、けっして議論の余地がないわけではないが、的を射ている。ベルリンでは、ヴァルターは蒐集した稀覯本の蔵書を持っており、宝物のように扱っていた。

ヴァルターは、ソヴィエト連邦に――そこで生じたすべてに――強い関心をいだいており、文学や演劇、ソ連の人びととの生活について細かくたずねてきた。情操教育児童劇場の話もかれの興味を引いた。

ベンヤミンが貪欲なまでに聞いてくるので、わたしは、自分なりの子どもたちとの活動原則や、集団主義的感覚の育み方、全面的発達への気遣いなどを語った。

のちに、情操教育児童劇場の経験を材料に、ベンヤミンはリープクネヒト会館のために『プロレタリア児童劇のプログラム』〔一九二八年〕を書くことになる。

ヴァルター・ベンヤミンは未訳の本や、フランス文学の新しい流れを紹介してくれた。かれは、いかなるディテールをも正確に発見し記述するプルーストの能力に感嘆していた。また、わたしがアンドレイス・ウピーツからのいくつかの断章を読んで聞かせ翻訳すると、ベンヤミンは、ラトヴィア語の語彙の豊かさ、作家の華麗な文体の虜になった。

その頃、わたしのほうはドイツの進歩的知識人の心理を分析しようとしていた（数年後に論考「ドイツにおける知識人の分化」を執筆）。知識人たちはドイツの現存の体制に不満をいだき、ソ連で生じていることに注目していたものの、正確な情報が得られず、多くのことを理解できなかったり受け入れずにいた。こうした状況下で、わたしとベンヤミンは熱く議論を交わしていた(11)。

いつだったか、十七世紀のドイツ悲劇のどういう点がかれの関心を引いているのか、たずねたことがある。

「それと表現主義のあいだには多くの共通点があるように思うわ」

わたしは、表現主義者たちの革新性を高く評価しており、まったく異なるものであるかのようなこの二つの潮流――死せるバロックのドラマトゥルギーと、表現主義――のあいだにかれが共通点を見いだしているか否かを知りたかった。

「ぼくはひとつの結論に達してるんだ」ヴァルターは説明した。「当時のアレゴリーとシンボルは、ドイツ表現主義のドラマトゥルギーでも反復されている」

ヴァルターは唯物論的美学を知らなかった。かれはルカーチ・ジェルジュだけは読んでおり、ハンガリーの哲学者の見解は興味深く、著書の基本命題は説得力がある、また実質上ルカーチは「自由な哲学と芸術」に敵対する社会に否定的であると、語った。

わたしは反論した。ルカーチを読むだけでは不十分であり、もしあなたがブルジョア社会の矛盾を理解しているにしても、マルクス主義の理論家の著作を知り、唯物論的な弁証法と美学を勉強することが不可欠である、と。資本主義体制の欠点をただはねつけるだけでは足りず、それを改革する仕方を学ばなくてはならない、と。

わたしたちの対話や議論は無益ではなかった。のちにベルリンで再会したとき、ヴァルターは、マルクスやエンゲルス、レーニン、プレハノフ……を読んでいると言った。かれは、史的唯物論や弁証法的唯物論に惹かれていた。その裏付けは、一九二八年にベルリンで発行されたかれの著作『一方通行路』に見いだせよう。観察や小品、スケッチからなるこの本のなかに、「この道の名はアーシャ・ラーツィス通り／この道を著者のなかに／技師として／切り開いた女性の名にちなんで」との献辞があるのが、わたしには心地よかった。

また、ベンヤミンがすでに有名な哲学者になっていたときにベルリンとフランクフルト・アム・マインのズーアカムプ社で大部の著作集が出版されたが〔ベンヤミン没後十五年の一九五五年刊〕、そこに収められている自伝的ルポではベンヤミンは、一九二四年の夏、カプリ滞在中に、モスクワで演出家として働いていたラトヴィアのアンナ・ラーツィスと知り合いになり、彼女の影響でマルクス主義者になった、と書いている。

カプリのわたしのもとへは、ときおりライヒがやってきていたし、ブレヒトとマリアンネがきたこともあった。ベンヤミンは、自分をブレヒトに紹介してくるようわたしに頼んだが、ブレヒトは知り合いになるのを避けた。

ブレヒトといっしょに、ライヒとわたしは、カスパー・ネーヤーが仕事をしながら休息をとっているポジターノに旅をしたことがある。この市では、住居が岩に鳥の巣のようにくりぬかれており、その多くに画家たちが住んでいた。わたしたちは、小さなレストランでスパゲッティやアンチョビ、ボラを食し、ビールを飲んだ。そのあと、ネーヤーの簡素な住まいに、石の床にじかに寝ころがって宿泊した。

イタリアを北から南へ、ミラノからパレルモへ縦断したこともある。ローマでは、若い画家たちの一団と知り合いになったが、かれらは親切に「永遠の都」を案内してくれた。

この一団のひとりはパナジという名だった。わたしは、かれの友情あふれるカリカチュアをたいせつに持っている。けれども、オレンジと黄色の服を着て椅子にすわっているわたしを描いてくれた肖像画の運命については、残念ながら、まったく不明である。パナジは、ソヴィエト連邦にすこぶる興味をいだき、ロシア語を勉強しており、モスクワに住んで働こうとしていた。このあと、わたしはかれとしばらく文通した。

フィレンツェでは、わたしとライヒはゴーリキーのところに何度かいったことがある。かれとマリヤ・フョードロヴナ・アンドレーエヴァ〔一八六三—一九五三。女優、社会活動家〕は、わたしたちを温かく迎えてくれた。ゴーリキーは、ロシアや親しいひとたちを恋しがっていた。祖国を離れていても、いっときも関心を失ったことはなく、祖国で生じていることはなんでも知っていた。ソヴィエト連邦で刊行されているものすべてを読んでおり、ひんぱんに手紙も交わし、有能な若者を熱烈に支持していた。

わたしとライヒは、マリネッティ〔一八七六—一九四四〕——未来派の「父」、有名な十の掟〔十一箇条からなる『未来派宣言』（一九〇九年）か?〕の作成者——も訪問したことがある。かれのところで、わたしたちは未来派様式の家具を初めて眼にした。背もたれが曲がり、一方の脚が短い木製椅子で、座る部分は菱形や三角だった。総じて家の中のあらゆるものが凝っていた。こうしたなか、簡素さできわだっていたのがマリネッティ夫人だった。控えめで、髪をきれいになでつけていて、白装束に身をかためていた。

ライヒが再びドイツにもどると、ベンヤミンがわたしのガイドになった。かれは、わたしをナポリにつれていき、貧民街を案内した。人びとは路上で暮らしていた。女性たちはこんろで食事を用意しており、ひと眼をはばからず、その場で子どもに授乳している。

貧民の住まいには、紙製の花で飾られた聖母マリア像が掛かっていた。狭い不潔な路地をまたいで縄を張り、それらに何層にも下着を干しており、風になびいている。無数のバルコニーとドアがあるカプリやナポリの建物は、海綿のようだった。ナポリでは、わたしとベンヤミンは、祝祭のカーニヴアルに出くわした。たくさんの花火が空中で爆発し、虹色の光で市全体を照らしだしていた。わたしは言った。

「まわりはこんなに貧しいというのに、楽しみのために莫大なお金を使うなんて！」

「市当局は、自分たちがなにをやっているのかわかっているんだ。カーニヴァルで人びとは陽気になり、ワインを飲み、満足したナポリ市民は安らかに階段の上で眠りにつくだろう、と。妻は六人目、でなければ七人目の子どもにお乳をやっており、乳が出ないと、甘いワインを飲ませるんだ。そして一家はナポリのやさしい太陽のもとで眠りにつくんだ」

「こうしたことを文章にしようよ」かれが提案した。「きみは見たままに記述し、ぼくが理屈づけるよ」

わたしたちが「ナポリ」というタイトルをつけたエッセイは、『フランクフルト新聞』に掲載された。[12]

10

パリの演劇状況、ベルリンでのベンヤミンとブレヒト

ラインハルトからライヒに〈ドイツ劇場〉で『椿姫』を上演しないかとの提案があったとのことで、ライヒからの電報がカプリに届いた――「パリで会おう」と。わたしたちが宿泊したホテルには、一階上にマヤコフスキーも泊まっており、わたしとライヒはかれの部屋を訪問した。何の変哲もない粗末な部屋で、かなり居心地が悪そうだった。詩人は、わたしにはとても大柄で、足が長く見えた。そのときの会話の内容はよく覚えていない。けれども、あるディテールだけはくっきりと記憶に刻まれている。マヤコフスキーは、ルナチャルスキーが当時推しだしたアピール「オストロフスキーに帰れ」に皮肉っぽい反応を示していたということである。(13)

マヤコフスキーは話しながら、部屋の中を歩きまわっていた。そのときのかれの声たるや、雷のよ

うな大音声で、激烈だった。まるで、二人の話し相手ではなく大群衆のまえで演壇から演説しているかのようだった。

　パリではわたしたちは、画家フェルナン・レジェのアトリエをたずねた。

「パリはあなた方をうらやんでいますよ。パブロ・ピカソの最高期の作品があるのはパリではなくモスクワですから」かれは言った。

　レジェは独特な画家だった。現代人が疎外されており機械の付属品と化していることを示さんがために、筒に閉じこめられた人間などを描いていた。

　パリの劇場の水準は、ソヴィエト連邦やドイツの劇場の水準より格段に低く思われた。〈コメディー・フランセーズ〉や〈オデオン座〉での上演は、それなりにおもしろいのだが、博物館めいていた。ガストン・バティ〔一八八五―一九五二〕やシャルル・デュラン〔一八八五―一九四九〕のような革新家は、表現主義者に共感しているかのようでもあったが、比較的穏当で抑制的だった。左翼演出家のなかでいちばん印象的だったのは、ルイ・ジューヴェ〔一八八七―一九五一〕である。

＊

　祖国から遠く離れていても、わたしはつねに祖国と連絡をとっていた。眼に収めたことすべてに関する印象や考えを、分かち合いたくてたまらなかったのである。わたしは、当時『ドマス（思想）』誌の文学部門を取り仕切っていたアンドレイス・ウピーツと、手紙で連絡を取り合っていた。

「……急ぎで論考「ドイツの斬新な演出」を送ります……「ナポリ」も用意できています……まずは『ドマス』に掲載してくれれば申し分ないのですが……いまはパリの劇場について書いています……アンドレイス・ウピーツ、お願いですから、わずかなりとも支援していただけないでしょうか。なにを書いたらよいか、命令し、指図してください……」ウピーツはわたしを支えてくれた。『ドマス』にドイツ演劇に関するわたしのルポが掲載され、また「パリ、日常と演劇」という論考では、当時人気を博していた「沈黙劇」〔饒舌な対話を排し、沈黙の効果を生かすことによって、人間生活の現実、機微を伝えようとする演劇〕の上演を分析した。

　パリでは、まったく偶然知ったのだが、〈グラン・オペラ〉でフョードル・フョードロヴィチ・コミサルジェフスキーが働いていた。会うのは、演劇スタジオ卒業以来だった。舞台裏にはいりこみ、コミサルジェフスキーを呼びだしてくれるよう頼んだ。戸口にコミサルジェフスキーがあらわれた。目立って歳をとり、やつれていた。

「こんにちは、フョードル・コミサルジェフスキー！」

　かれはしばし黙ったまま目を凝らしていたが、わたしが何者であるかに気づくと、あいさつもしないまま大きな声をあげた。

「リャチス！（かれはいつもわたしの苗字をまちがって発音していた）。帰りなさい、ただちにソヴィエト連邦に帰るんです！　ここでは、あなたがすべきことはなにもありません」

　どうやら、わたしも亡命してきたものと決めつけていたようだった。祖国を捨ててきたのではなく、まもなく帰る予定ですと説明すると、かれは落ち着いた。わたしたちの会話はかれの創作活動に及んだが、かれはそれには答えず、ただ手を振るばかりだった。そして別れ際に、パリに長くとどまるつもりはなく、まもなくアメリカに出発すると語った。これが、コミサルジェフスキーとわたしとの最後の出会いだった。かれは、祖国にとうとう帰らなかった。三〇年代のモスクワでは、帰国の話もよく出ていたのだが。

パリではわたしは友人ができなかった。言語を知らないとなると、交流も簡単ではなかったのである。

ライヒがリハーサルに着手すべき時が迫っており、わたしたちはベルリンへと出発した。

＊

ベルリンでは、わたしたちはブレヒトに会った。食事のとき、わたしはさまざまな印象や、ベンヤミンがいかに魅力的な人間であるかについて語っていたが、ついに我慢しきれなくなった。

「ねえ、ベルト。どうしてあなたはヴァルターとの近づきを拒むなんてことができるの？　これじゃ、結局、侮辱してることになるわ！」

今回は、ブレヒトも前回より妥協的になった。けれども、翌日かれらが会うと、話が進まず、近づきも完全に形式的なものとなってしまった。わたしはがっかりだった。はたして、ブレヒトのような利口な人物が、探究心旺盛な知性と幅広い視野を持ちあわせたヴァルターとの共通点を、なにひとつ見つけられないなどということが、あるのだろうか？

かなりあとになって初めて、ベルトルトはヴァルターとその著作に関心を持ちはじめた。双方とも亡命の身にあったファシスト独裁時、デンマークに移住したブレヒトがヴァルターを自宅に招待したのである。のちにエリーザベト・ハウプトマンが語ってくれたところでは、かれらは、結局、親しくなった。けれども、そうなるには何年もかかったらしい。

さて、わたしたちがフランスから到着すると、ベンヤミンはドイツの首都を案内しようとした。いつもヴァルターは、都市、とくにかれがよく知り愛していたドイツの都市に関心をいだいており、夢中になって語っていた。けれども、かれの注意を引いていたのは建築だけではない。かれは、北ベルリンの街区や、労働者向けに建てられた石造りの細長い宿舎に案内した。中庭や灼熱のアスファルト舗装路で子どもたちが遊んでいた。ここは清潔ではあったが、一本の樹や灌木も、一輪の花もなかった。すべてが灼熱の石とアスファルトに身を固めている。ヴァルターは、裏口を抜けてアパートのひとつにつれていった。一部屋しかない小さな住まいに七人が暮らしていた。夫婦と三人の子ども、すっかりよぼよぼのおじいさんとおばあさん。いたいけな子どもたちも、年寄りたちも、かれらだけにしておくのは危険だった。夫婦は仕事を家に持ちかえり、ボタン穴をかがったり、服にボタンを縫いつけたりしていた。得られるのは二束三文だった。じゃがいも一個と安コーヒー一杯を買うのがせいぜいである。

そのあと、わがガイドは、わたしをベルリンの豪奢な地域、クアフュルステンダムにつれていった。ここでは、ネオンサインが明るく輝き、動く文字や色彩豊かな電灯が瞬いていた。衣裳や歯磨き粉、ワイン、タバコ、自動車などあらゆるものが広告されていた。これ見よがしに着飾った女性たちが通りを散策したり、自家用車を乗りまわしたり、レストランで腰をおろしている。ぜいたくな毛皮、宝石のネックレス、ありとあらゆる色調と陰影のメーキャップを塗りたくった顔——当時はこれが流行っていた……要するに、好対照をなしていた。

ヴァルターはサプライズが大好きだった。あるとき、自分の蔵書を見にくるよう提案した。とても大きな部屋に、世界文学のユニークな作品が蒐集されていた。本また本で、厚いのやら薄いのやら、金色の押印が付いた美しいモロッコ革の装幀のもあった。豪華絢爛のあまり、目移りがしてしようがなかった。

かれは、わたしが感激していることに気づいた。

「どれでもいいから選んで」

「選んで」と簡単に言われても。そのとき不意に、好きな色彩だった黄土色の細い縞が眼にはいった。黄土色をした薄い本が、大型の厚い本のあいだにかろうじて見えていたのである。わたしは、それをベンヤミンに差しだした。

「まさかこれを」

かれは不意に青ざめ、わたしをちらっと見たあと、再び本に目をやり、弱々しい声をかろうじて発した。

「ゲーテの『シュテラ』の初版だなんて！」

わたしは、この贈り物がかれの心を痛めるにちがいないと察し、勇気をふるって断った。

何年も経った頃、ベンヤミンの息子でロンドン在住のシュテファン〔一九三〇年に離婚した妻ドーラとのあいだの息子。一九一八年生まれ〕が知らせてくれたのだが、ベンヤミンは遺言の中で、この愛すべき本はわたしに贈ると書いていた。[14]

一九五五年に最後にブレヒトと会ったとき、わたしはベンヤミンの運命についてたずねた。ヴァルターは蔵書とどうしても別れられず亡くなったそうだ、とブレヒトは言った。あとになって、ベルリンでエリーザベト・ハウプトマンが真実を話してくれた。「ヴァルターはみずから命を絶った」と。ちなみにわたしは、モスクワでかれからの最後の手紙を手渡されている。

一九三三年には、ベンヤミンはパリに住んでいた。ドイツ軍がフランスの首都を占領すると〔一九四〇年〕、フランスとスペインの国境を越えようとしたが、ドイツのパトロールによって足止めされる。ヴァルターは即効性の毒がはいった指輪をいつもはめていた。ゲシュタポにつかまるのを恐れたかれは、服毒自殺をとげたのであった〔一九四〇年九月二十六日〕。

わたしは、ブレヒトがわたしを傷つけないようにとヴァルターの死の状況を隠したことを知ったとき、あらためてブレヒトの思いやりある人柄に感服した。かれは、ベンヤミンとわたしがよき友人であったことを知っており、悲しませないように気づかってくれたのである。

友の思い出にブレヒトは二つの詩をささげており、そのうちのひとつは「亡命者W・Bの自殺」と題されている。

僕は耳にしたんだ、君が自分自身に向かって手を振りあげた、と、
殺戮者に　先手を打って。
八年間の追放の身にあって、敵の興隆に目を注ぎながら、
最期には　踏み越ええぬ国境《グレンツェ》へと　追い立てられ

君は　踏み越ええぬ国境《グレンツェ》を踏み越えた、という。
豊かな者たちは倒れ続けている。盗賊団のボスどもが
だから　政治家面をして　大またに歩き回っている。その武装のもと
国々の民の姿は　もはや見られない。

そんなふうだから　未来は真っ暗闇のなか、そして　良い勢力は
脆弱だ。そういうことすべてを　君は見たんだな、
苦しみを感じうる肉体を、もう感じなくてもいいように　破滅したときに。

〔『ベンヤミン・コレクション7　〈私〉記から超〈私〉記へ』浅井健二郎編訳、
土合文夫ほか訳、ちくま学芸文庫、二〇一四年、二四四―二四五頁〕

けれども、話の舞台をベルリンにもどすことにしたい。『椿姫』。戯曲の結末部分。デュマは、ライヒからすれば過度にメロドラマ的で、偽善的だった。ライヒは、ブレヒトにアドバイスを求め、ブレヒトはフィナーレを改作した。マルグリットの役柄を、ブレヒトも独自に解釈した。結核を病んだマルグリットは、恋人と会えるという期待をすっかり失った。部屋に、家具目録をつくるために執行官がやってくる。瀕死の女性の住まいから物が持ちだされているところに、彼女を捨てた恋人が駆けこんでくる。これに力を得た彼女は、ベッドから起ちあがり、衰弱ゆえによろめきながらも、アルマンを迎えに出る。彼女の姿におびえて、アルマンはあとずさりする……いちばん大事なもの――愛――

が失われたことを理解したマルグリットは、期待を裏切られ、死んでいく。

ブレヒトとライヒが変更したこのようなフィナーレは、観客の嗜好に適っていなかった——観客は、恋人にいだかれて死んでいく疲れ果てたマルグリットに涙を流すのに慣れていたのである。芝居は、主役を人気女優エリーザベト・ベルグナーが演じたにもかかわらず、観客に受けなかった。しかも騒動まで起こってしまった。ブレヒトにもライヒにも勝手に台本を変更する権利はなかった、というのである。翻訳者テーオドア・タッガー〔一八九一—一九五八〕は裁判にかけようとしたが、この争いに演出家イエスナーがあいだにはいり、ブレヒトとライヒが戒告を受けるということで決着がついた。

ソヴィエト大使館の職員たちはライヒの演出が気に入っていた。そして、モスクワを訪れてソヴィエト演劇をその眼で見ていただけないかとの提案が、一九二五年にライヒにあり、かれは喜んで同意した。ちょうどその頃、わたしはリーガのレオンス・パエグレから手紙を受けとった。ラトヴィアで中央左翼労働組合クラブに付属して政治演劇の劇場を創設できる可能性が出てきたと書いており、祖国にもどるよう熱心に呼びかけていた。

ドイツ滞在の主要目的も達成されていた。わたしはドイツ演劇の活動や、表現主義者たちの創造、労働者たちの革命劇場、演出家エルヴィン・ピスカートアの革新的探究やそのプロレタリア演劇を知った。かれとは、数年後に個人的にも知り合いになった。

11

リーガ、政治演劇、〈迫害される劇団〉

二五年の秋、わたしたちはドイツを発った。ライヒは、わたしをリーガまで送ったあと、モスクワに向かった。

ラトヴィアにもどったわたしは、自分の革命的信条の正しさにますます確信をいだき、祖国に政治的な劇場を創設すべしと考えていた。

わたしが帰還する直前に、中央左翼労働組合クラブが大衆的な活動の拠点となった。全体の活動は、地下のラトヴィア共産党が指揮していた。

ただちに仕事に着手すべしと決意満々で理事会に顔をだしたところ、わたしの任務は演劇部門の責任者からまだ承認されていないことがわかった。

理事会の会議の日、わたしはクラブにやってきて、自分の運命の決定を待っていた。そこへいきなりドアが開け放たれ、投票がおこなわれていたホールから、茶色のゆったりしたシャツを着た若者が突進してきた。

若者は駆けつけてきて、一気にしゃべった。

「ラーツィスさんが選ばれました！　演出家として。さらに劇場責任者としても。全員一致です！」

一息つくと、自己紹介をした。

「エディス・プリエデと言います。よろしくお願いします！」そして、こう付け加えた。「明日にでもみんなを集めます。リハーサルを七時に予定しています。よろしいでしょうか？」そう言うと、こちらの返事も聞かないうちに、あらわれたときとおなじように猛スピードで姿をくらました。

「いやはや、エディスだったんじゃないの！」わたしは思いだした。「プリエデは、わたしたちの演劇スタジオの参加者だったのに！　三年しか経っていないのに気づかないなんて。わたしとしたことが……」

エドゥアルツ・プリエデ〔一九〇四―一九四一〕……若くて、元気のいいコムソモール員。かれは、昼間は荷役労働者として働き、夜はオルグ活動にほぼ費やしていた。わたしの最初の助手となり、芝居の日時や、スペースと小道具などについて打ち合わせをおこない、あちこちへの奔走やリハーサル、上演などの合間を縫って勉強していた。わたしは、人間には可能性の限界があることをつい忘れて、演劇の理論や歴史の本を何束もかれに持ってきていた。けれどもあるとき、さすがのエディスも耐えられなくなった。

「勘弁してください！　がんばってはいるんです。全部読もうとしています。でも、どうにもならないんです。ここが」自分の頭をたたいた。「大混乱なんです！……」

左翼労働組合は自前の部屋をもっておらず、毎晩、建物所有者から借りていたホールに集まるほかなかった。演劇セクションの参加者の大多数は、以前、人民大学付属の演劇スタジオで学んでいた者たちだった。若い男女の労働者や生徒である。

とりあえずは、旧式演劇のがらくた、つまり書割や、すり切れた家具、衣裳などに別れを告げる必要があった。けれどもなによりも肝心なのは、俳優全員に新たな教育をほどこすことだった。

指物師に壇を注文した――場所から場所へと容易に移せる大小の立方体である。それらを使って、芝居に必要なもの一切を組み立てた。テーブル、椅子、玄関階段、塀、建物の壁、また小道具のなにかを加えてリンゴの樹、街灯なども。舞台装置を担当したのは、革命的精神に貫かれた画家のヤーニス・リエピンシュ〔一八九四―一九六四〕とエルネスト・カーリス〔一九〇四―三九〕だった。

演技者は、特別にあつらえた濃灰色のつなぎをまとっており、役柄の特色づけに不可欠なディテールを利用した。「尊敬すべき奥様」にはダチョウの羽がついた帽子、ブルジョアにはシルクハットとシガー、伊達男にはキクの花。照明効果や色彩も多く用いられた。

まずは、演奏会を催したり、レオンス・パエグレのシャレード〔身振り手振りによる文字謎遊び〕を上演することにした。このシャレードという新しいジャンルを、パエグレはわたしたちのために特別に導入した。シャレードはどこでも好きなところで上演できた。

『ヴィエニーバ』誌でパエグレはこう説明している。シャレードのそれぞれの音節は、個々のエピソードや絵画として舞台上で演じてもよい。スローガンを形成しているフレーズも演じることができる、と。シャレードの個々の音節は演劇的行為によってつながれており、その内容は、通常、ある人物や社会・政治的現象にたいする諷刺になっていた。

たとえば、シャレードのひとつでは、観客が「文化《クルトゥーラ》」という言葉を当てることが予定されていた。わたしたちは、各寸劇が各音節に相応している三つの寸劇を順に演じながら、観衆にシャレードの内容をほのめかした。

最初の寸劇はこうである——管理者たちが、重い袋を運んでいる日雇い人（クーリー）たちを急きたてている。このエピソードを舞台で描写している間、何度も「クル」という言葉が繰り返された。同様に、二つめの寸劇では音節「トゥー」、三つ目の寸劇では音節「ラ」がひんぱんにひびいた。

締めくくりの部分では、「クルトゥーラ（文化）」という言葉の社会的内容が謎解きされていく。舞台からは「自由な労働、万歳！」、「労働者の文化、万歳！」、「文化を皆に！　社会主義、万歳！」というスローガンが鳴りひびいた。

芝居の上演については、小さな多色のポスターで観客に通知していた。それらを労働者街に貼ったり、労働組合を介して広めていた。

客席への入り口脇には、ひっくり返した丸帽を載せた小さなテーブルがあり、観客はその中にお金を投げこむのである。このお金は、政治犯とその家族の支援にあてられた。資金の一部は、共産党が発行していた『ツィーニャ〔闘争〕』紙にも使われた。

シャレードは好評だった。観客は気をゆるめることなく芝居の進行を追い、回答を大声で叫ぶ者もいれば、一斉に音節を区切りながら発声する者たちもいた。

　こうしたシャレードのうち、ブルジョア・ラトヴィアに反対するきわめて政治的なプロパガンダとなっていたひとつが理由で、レオンス・パエグレは逮捕された。

＊

　あるとき、わたしが総稽古に駆けつけてみると、聞きなれた声が鳴りひびいた。

「グーテン・ターク、アーシャ！」

　わたしのまえに、忽然とヴァルター・ベンヤミンがあらわれたのである——かれはいつもサプライズが好きだった。

「ヴァルター、ごめんなさい、ひどく急いでるの！　芝居を観にきてちょうだい」わたしは会場の住所を告げて、駆けだした。

　初演の観劇希望者はとても多く、入り口あたりは押し合いへし合いだった。ヴァルターはうまく客席にはいれた。決壊した客の流れが、文字どおりかれを運びこんだのである。壁に押しつけられ、あらゆる方向から締めつけられたかれは、窓の桟によじ登ったところで初めて我に返ったが、そこからはほとんどなにも見えなかった。かれはラトヴィア語を解せず、のちに語ったところによれば、舞台上の街灯柱ばかりながめていて、そばの観客たちの叫び声、それに笑いや拍手が聞えていた。芝居がはねると、ヴァルターは少しでも早く出口にたどりつき、わたしに会おうとした。わたしは、つねなら几帳面で優雅だったはずのベンヤミンをやっとのことで見つけることができた。かれの髪は乱れ、帽子はもみくちゃで、コートの襟ははぎとられていたのである。

いまでも悔やまれるが、わたしはかれに十分に気を配ることができなかった。あのときは猛烈な忙しさだったのである。何日かのあいだ、かれはリーガをひとりでぶらつき歩き、あいかわらず都市を眼に収めては気に入っていた。リーガの中心部にヴァルターは感嘆していた。

「でも郊外となると」かれは言った。「もはや、そうじゃない。建物は小さくて木造だし、人びとの暮らしは貧しそうだ。でも郊外だって、どの建物のそばにも柵で囲った小庭がある――樹々、灌木、花……すばらしいことだ！ 覚えてるかい、ベルリンでのこと？ アスファルトだらけ、人びとにはお金もなければ、庭や花の面倒をみる時間もない。おまけに自由な土地のひとかけらもない」

ヴァルターは、人間と猛烈な勢いで発達している技術との相互関係の問題を、格別に心配していた。技術が人間を圧迫し、生活を複雑化したり生命を縮めるようなものであってはならない、と考えていた。もちろん、技術的革新――ラジオ、映画、交通、工場のコンベヤー――はどれもすばらしいのだが、発明品が、つくりだす当人たちに反対の立場に転じることのないようにしなければならない、と。

のちに、その評論の中でベンヤミンは、生まれつつある技術崇拝の問題を再三再四提起している。

*

中央左翼労働組合クラブ付属演劇セクションは〈迫害される劇団〉と名づけられていた。一九三三年にリナルツ・ライツェンスが、モスクワの出版社「プロメテウス」からだした著書『迫害される劇団』の中で〈構成的演技〉なるものを発表したときに、この名称はラトヴィア演劇の歴史に定着し保たれてきた。

いつだったか、わたしとの会話でブレヒトは、「プロレタリア演劇がなかったならば、ぼくもなかっただろうな」と語った。

まったくそのとおりである。〈迫害される劇団〉もまた、国際的な政治演劇の分枝のひとつなのである。わたしたちは、演劇芸術の宝庫に残っている過去の貴重な粒子をていねいに保存しなければならない。

〈迫害される劇団〉とドイツの労働者劇場の活動条件を比較すれば一目瞭然であるが、わたしたちの演劇のほうが何十倍も活動がむずかしかった。ドイツでは共産党は合法的であり、そこではとくに困難もなく労働者演劇サークルが生まれていた。これにたいし、わたしたちのほうは、警察の警戒怠りない眼にさらされており、一斉検挙や逮捕、上演阻止などはもちろん言うにおよばず、検閲の許可なしには一歩たりとも踏みだせなかったのである。

わたしたちは独自の発展の道をたどり、独自の原理や手法を生みだしていった。ただ注目すべきことに、それらは独立して生じたものでありながらも、多くの点でドイツの革命演劇の探究に似かよっていた。ここには、それなりの合法則性、弁証法的論理がある。すなわち、わたしたちは同一方向に歩んでいたのであり、おなじ考えに鼓舞されていたのである。わたしたちは、人びとを革命へと近づけんがために、あるいはまた暮らしている世界の複雑さの理解へと近づけんがために、人びとの心に通じる道を懸命に見いだそうとしていた。

ここに、簡潔ながら、〈迫害される劇団〉の芸術綱領、その活動の基本方針をあげておきたい。

作者が執筆するのは、自身を表現するためではなく、党や社会に必要な考えを求めて闘うためである。創造とは神秘ではない。「創造する」という言葉は、「働く」という言葉に取り換えるべきである。作家には、社会的注文から逃れる権利はない。

書くべきは、現代の生活の喫緊の際立った出来事についてであって、悪や不公正、暴力、人間による人間の抑圧を無視することなく、階級対立の根っこを暴かねばならない。だれが友であり、だれが敵であるかを明示すべきである。芝居は、観客の理性を覚醒し、観客の感情をふるいたたせ、不正と闘おうとする気持ちを引き起こさねばならない。

観客がこのような結論に達するためには、感情だけでは不十分であり、社会的課題を理解するよう導き、意識を発達させることが必要である。

以上の短いテーゼからも判然としているように、わたしたちは多くのことを単純化しており、個々人の深く全面的な分析を、事実上あきらめていた。否定の仕方が極端だった。たとえば、わたしはある討論会で、ブルジョア演劇の手段を利用している労働者演劇はわたしたちの事業を裏切っているとまで述べた。わたしたちは、社会が個人の運命を規定しており、個人の運命は階級と不可分であることを理解していた。けれども、この命題に夢中になるあまり、歴史の歩みにとって個人の体験などはどうでもよく、それゆえ心理的ニュアンスに分け入る必要はないかのような、まちがった結論を下していたのである。わたしたちは、そのことを意識しないまま、現実の複雑さや多様さを希薄化してしまい、芸術の単純な真理を理解していなかった。すなわち、個人の心理に染み入ることなしには、明確なキャラクターを生みだし、生きた人間のイメージを書くことはできない、ということを。

〈迫害される劇団〉は、探究の劇団であり、そこには硬直化したもの、完結したものはなにもなかった。この劇団は、政治状況のごくわずかな変化にすら敏感に反応し、時代の要求に応えていた。また、そのためには柔軟さや情熱が不可欠だった。

もちろん、〈迫害される劇団〉の運命をまず第一に決めていたのは、レパートリーである。わたしたちはレパートリーを自分たちで決め、そうした独自の探究によって、創作に携わる進歩的インテリゲンツィヤの最良部分の興味をそそろうとした。そのさい、革命的戯曲の上演を警察の検閲が禁止していることを考慮する必要があった。それに加えて、わたしたちはもっとも肝心なことを観客に伝えられないままおわることを常々危惧していたため、いわゆる短篇ドラマトゥルギーを導入せざるをえなかった。わたしたちに必要なのはストレートな結論、言うなれば単刀直入の革命的な結論を伴った戯曲だった。現下の戦況ではスローガンが最高の詩であり、ポスターが最高の絵だったのである。

わたしたちは外国のドラマトゥルギーにも頼った。ブルジョアジーの臆病さを嘲笑したミルボー〔一八四八―一九一七〕作の諷刺劇『伝染病』〔一八九八年〕を上演したり、トラーのいくつかの戯曲からとった、ひときわ鮮明に革命的な断章を上演した。

〈迫害される劇団〉の劇作家や演出家たちは、若きソヴィエト演劇の有意義な経験を利用していた。

ソヴィエトの演劇では、十月革命後の短期間のうちに、演劇の伝統的な顔を一変させるような新機軸が相次いでいた。

とはいえ、ほかの劇場の経験は、〈迫害される劇団〉の劇作家たちがその独自性を保つ妨げになったわけではない。

ラトヴィアの先進的労働者から愛されていた詩人リナルッ・ライツェンスは、現況下でみごとに問題を見極めていた。かれは、人民大学の演劇スタジオの活動をアドバイスでもって支えていたが、自身は当時のドラマトゥルギーに頼らなかった。『幾世紀の顔』を上演した経験から、かれは理解したのである。わたしたちが独自のレパートリーを切実に求めていることを。ライツェンスは、自分はコミュニスト作家であって、芸術によって革命的理念をプロパガンダすることが主たる義務であると考えていた。こうして、かれの〈構成的演技〉が誕生したのである。〈構成的演技〉は、個々の場からなっていたが、そのそれぞれが独立した政治的内容を担っており、ひとまとまりの考えを表現していた。

ライツェンスの〈構成的演技〉のすべては、社会批判を強調して書かれている。若手の革命詩人アンドレイス・バロディス〔一九〇八―一八七七〕、E・プリエデ、A・ストラディンシュ、警察が没収した本『去れ』でデビューした詩人たち、さらには社会評論劇の支持者たちなどとおなじように、ライツェンスも、芝居は政治的傾向を有しているべきだと考えていた。

ライツェンスの民話的戯曲では、現実の現象がファンタジー的形式をまとっていた。特徴的なのは、「舞踏会での集会」における神のモノローグである。貧民が神の助けを当てにして、ひとかけらのパンを自分に送ってくれるよう祈ると、返事が聞えてくる――「数百万の貧しき者よ。ゆく先々で出会う者たち皆をわれが救いはじめたならば、われにはみずから自身の仕事をする時間がかき消えてしまうであろう。われは〈富者〉のところに招かれて急いでいるところなのじゃ。なにしろ、いまは昔とちがうのじゃ。われわれが生きているのは、民話の中ではなく二十世紀なのだ。では、達者でな！」

富める者たちへの礼賛にも、ブレヒト的な響きが聞こえる。

「富の意義がいかに大きいか、人びとはいまだにわかっていない。神が人びとに知恵と思慮を授けたとはいえ、われが幸せなのは、ひとえに〈富者〉氏のおかげなのである。なんとなれば、〈富者〉氏が存在しなかったならば、この世に〈貧者〉もいなかったであろうし、もし貧民なかりせば、だれがわれに祈るであろうか？　祈るのは貧しき者だけなのだから。われは〈富者〉の家を祝福するのだ。なんとなれば、〈富者〉が裕福たるこそわが誉れなのだから！」

〈構成的演技〉には『ミステリヤ・ブッフ』の影響が認められるが、形式は独創的なものとなっている。ライツェンスは民衆演劇の忘れ去られた伝統を復活させている。完ぺきなプロットやキャラクターの拒否、一定の図式性、簡素化は、当時のライツェンスのドラマトゥルギーの欠点ではない。それは、わたしたちの活動状況が要求していたものなのである。

いまも覚えているが、いつだったかわたしたち――ライツェンス、パエグレ、プリエデとわたし――は、〈迫害される劇団〉の創造面の問題を審議するために、アンドレイス・クルツィースの家に集まった。リナルツが言った。「ブルジョアは太っていようが痩せていようが、鈍感だろうが敏感だろうが、民衆の抑圧者たることに変わりはない！　これこそが、資本家全員に固有の共通点であって、労働者にまずもって示さなければならないことなのだ！」

　行動場所のあいまいさや、キャラクターの図式性、舞台上の出来事の幻想性が、検閲や警察の干渉から守っていた。弾力的な形式を利用しており、台本は手軽に縮小したり拡大しつつも、芝居の基本的な思想的響きは変えないようにできた。ライツェンスは話していた。「戯曲を、状況しだいで部分ごとに演じられるようにつくっているんだ」と。かれは、ディテールだらけのプロットや、言葉の多い対話を避けていた。出来事はすばやく展開すべきだった。重要なのは、ことばの量でなく、明確さ、凝縮性、典型性だったのである。

　リナルツ・ライツェンスは、政治演劇たる〈迫害される劇団〉の理論と実践にきわめて重要な貢献をし、実質上、その精神的リーダーだった。

　これとおなじような特徴はレオンス・パエグレにも認められる。かれは、確固たる政治的立場にもとづいた真の煽動演劇をつくるべき時が到来したと考えていた。かれが言うには、演劇スタジオには目下そのようなレパートリーがなく、わたしたちは労働者の利益を漠然としか守っていない……労働者が正しく思考できるよう教え、かれらがどこへ、だれのあとについていくべきか、どのような理念を支持すべきかを理解できるようにしなければならない。

　パエグレは、閉じられたスペースでの上演や労働者クラブの小舞台を念頭においた数多くのシャレードを書いていた。〈迫害される劇団〉のためにパエグレは民話も書いている。かれの考えでは、民話は、よりよき生活に関する民衆のあこがれや夢、誠実で理想的な人びとに関する民衆の考えを表現している。パエグレは、こうした信念を、汲めども尽きぬ創造的ファンタジーでもって、斬新かつ単刀直入に具体化していた。

ごくふつうのひとに寄せるかれの愛情は、民話『棍棒が、袋のなかから！』〔一九二六年〕にくっきりと反映されている。自然の恵みが「勇気があるひと、汚れなき心のひと、善良で正直で利口なひと」にあたえられる。もちろん、観客は次のようなせりふに熱狂的に応えた。「どうして皆に助言を請うのか。息子よ、自分の頭で考えるのだ。考えぬいたら、行動せよ、そのほうが早く真理にたどりつくだろう」

エドゥアルツ・プリエデは、演出家として次々と上演を成功させていたが、ドラマトゥルギーでもライツェンスの後継者と呼ぶにふさわしかった。かれの戯曲は、強烈な政治的傾向性や、一般化志向できわだっていた。材料になっていたのは、まったく具体的な現実の状況であった。プリエデは、天分豊かな戯曲『ヤーニス・ストラードニエクの死』、『旗をいっそう高く』、『サーカス』、『ニシンとパン』を書いている。それらでは、グロテスク、カリカチュア、道化芝居、イソップの言語がふんだんに駆使されている。

わたしがモスクワに移ったあと、プリエデは〈迫害される劇団〉の演出家になった。労働者の祝祭には太陽公園で、ライツェンスといっしょに、〈構成的演技〉を上演していた。ただ、一九二八年には左翼労働組合の活動自体が禁止されてしまった。

〈迫害される劇団〉では、有能で革命芸術に献身的な俳優が育っていた――V・ヤウンティラーネ、A・アルクスニーティス、A・プリエドニエクス、M・ジデルマネ、V・ヅィルカレ、ブリス兄弟、V・プラツェーンス、S・バロデ、ランドフスキー兄弟、A・ラドゥスケその他。

毎晩繰り広げられたわたしたちのクラブの活気あふれる生活には、ブリューゲル（父）〔一五二五〜三〇頃—六九〕の絵をほうふつさせるところがあった。一隅で吹奏楽がとどろいたかと思うと、別の隅では若者が体操やアクロバットを練習し、またべつの一隅ではレパートリーが作成されている。脇の部屋ではジャーナリストたちが記事を書いており、また、おなじ部屋では画家が箱に腰をおろしてポスターを描く一方、小さな舞台ではリハーサルがおこなわれている。

しかも、こうした喧噪と騒音の中を子どもたちが歩きまわっている。この子たちの面倒を見なくてはならないことが、わたしにはわかっていた。パエグレが支えてくれた。

わたしは、「地下ピオネール隊」とわたしたちが名づけていた子どもたちの一団を集めた。全員のためにバッジを注文した。もちろん、子どもたちは革命組織に所属していることを、とても誇りにしていた。幼い地下活動家のうちで記憶に残っているのは、ヴァリヤ・ヤウンティラーネの弟たちである。アレクサンドルス、ライモニス、ヴィトルドの三人。いちばん小さいヴィトルドが、反乱者を演じていた子どもたちの先頭を歩んでいたのを覚えている。わたしたちがどの子にもたずねていた「大きくなったら、なにになるの？」という質問に、ヴィトルドは「ぼくは爆弾になるんだ！」と答えた。戦時中にかれらはこぞって不慮の死をとげた。

子どもたちは大人を手伝っていた。ポスターを描き、わたしたちの芝居のビラを配ったり、秘密の住所に地下文献を届けており、幼い頃から地下活動のいろはを学んでいた。

リナルツ・ライツェンスは、子どもたちのためにきわめて政治的な戯曲『ミシンと風力製粉所』を書き、その上演でもって、一九二五年には左翼労働組合クラブ児童セクションが活動を開始した。

ある芝居では、進行過程で子どもたちに肩と肩を合わせてぴったり寄り添ってもらう必要があったのだが、どうしてもうまくいかなかった。子どもたちはじっと立っていることができなかったのである。そこでわたしは、しばし考えてから、太い綱を手にとって子どもたちに巻きつけた。ライツェンスは、わたしがやっていることに気づいて、思わずほほえんでいた。

わたしと子どもたちは、パエグレの戯曲『山羊と仮面』も上演した。警察の裏をかくため、上演日をクリスマスのヨールカ祭りに合わせ、両親も招いた。

子どもたちは、これ以上ないわたしたちの助手だった。かれらは、地下活動をみずから習得していたばかりか、観客に混じっている変装した警察やスパイを的確に見抜いた。密告者に気づくと、全速力でわたしのもとに駆けてきた。

「ほら、見て！……ほらあそこ、客席に！　左から三列目にすわっている男、あれはスパイだ！」

一度も見まちがいはしなかった。

初演のさい、幼い地下活動家たちはクラブの周囲に分散して、通行人を観察していた。変装した警官に気づくと、かれらは「けい・さつだぁ！」と叫びながら走りこんできた。

すると、演者たちは、あらかじめ打ち合わせておいたとおり、ヨールカ〔装飾をほどこしたトウヒの木〕を囲んで輪舞を踊りはじめ、「ああ、ヨールカさん、ああ、ヨールカさん、あなたは永遠に緑色」と歌いだした。

みんなが歌っていた。老いも若きも。警官はしばらくたたずみ、耳を傾けていたが、退屈のあまり、客席から出ていった。わたしたちは無事に芝居をおえることができた。

クラブの客席はもはや観劇希望者を収容しきれなくなり、わたしたちは、いくつかのコンサートホールと〈ミツバチの巣箱〉ホール（いまの〈ロシア・ドラマ劇場〉）を借りた。

エディス・プリエデがたびたび朗読をおこなっていた。かれは、当時の煽動的な詩、その内なるダイナミズム、憤激、毅然たる決意、目的志向性を、ほかのだれよりもうまく観客に届けることができた。エディスの気質は激しく、かれが朗読をはじめると、観客は息をひそめて耳を傾け、かれの身振りのいちいちに反応していた。客席じゅうが起ちあがってシュプレヒコールを唱えることも、まれでなかった。

＊

「われわれは抑圧に反対するぞ！　われわれは搾取に反対するぞ！」

あるとき、プリエデがレオンス・パエグレの詩「なににわれらは反対か」を朗読していると、客席に警官たちが棍棒片手にはいってきた。かれらは舞台によじのぼって、出演者たちを逮捕しようとした。労働者たちが席を移動しはじめ、警察を手伝おうとしているかのふりをしたが、実際にはあの手この手で警察のじゃまをしていた。そのすきに、わたしたちは姿をくらました。

この頃、わたしは計り知れない悲しみに襲われた——レオンス・パエグレが亡くなったのである。社会活動家、地下活動家であったかれは、左翼労働組合の活動をまとめながら精力的に働き、詩や戯曲、シャレードを書き、工場で講義をし、労働者聴衆の中で詩を朗読していた。

パエグレは、共産党に所属していること、詩集『牢獄は効果なし』〔一九二三年〕を出版したことを理由に逮捕され、獄中で重篤な病にかかった。

わたしは、赤十字病院でかれと面会することを許された。パエグレは、意識はあり、小さな鉄製のベッドに死人のように青ざめ困憊した状態で横たわっていたが、しじゅう演劇のことをたずねていた。別れ際にかすかに聞こえるか聞こえないかの声で言った。「アンナ、子どもたちの面倒だけはよろしく！」

いつだったか、わたしはスィグルダのかれのお家におじゃまし、心やさしいご家族にうっとりするとともに、奥さんや子どもたちにたいするレオンスの信じがたいまでの繊細で愛らしい態度に心地よくなったことがある。子どもたちのためには、かれは時間を惜しまなかった。いっしょに遊び、おもちゃを手作りし、長いことなにかを説明していた。かれにとっては、子どもたちの面倒をみることにまさる喜びはないかのようだった。

わたしは、うちひしがれて監獄病院をあとにしたが、耳には長いことひびいていた。「……子どもたちの面倒だけはよろしく」と。

瀕死の床にありながらも、レオンス・パエグレは敵たちから恐れられていた。一九二六年一月二六日には、ベッドに縛られた状態で裁判に出廷するよう命が下された。けれども、詩人兼社会活動家にたいする裁判は開かれなかった——二日後に亡くなったのである。

作家の葬儀は、民衆による未曾有の激しい抗議のデモへと変わっていった。「パエグレは独裁の犠牲となったのだ」——モプル〔国際革命戦士支援機関〕の非合法雑誌『サルカナー・パリージーバ（赤い支援）』は当時そのように書いていた。

　ふだんは色とりどりの花であふれかえっている都市では、赤い花を一本も見つけることができなかった――すべて、愛する詩人に捧げられたのであった。リーガの通りは、氾濫した川さながら、ひとの群れが流れていた。労働者、知識人、学生が歩んでいた。葬列が森林墓地に近づくにつれ、行進者の数もふえていった。通りや横丁から、新たにどんどんひとが加わってきて、小川のようにひとつの流れへと合流していった。わたしたちのだれにとっても、レオンス・パエグレの死は償いがたい喪失だったのである。

　わたしたちの芝居をソヴィエト常駐代表部の職員がよく観にきていたが、ある上演にソヴィエト領事がやってきた。一度立ち寄るようにとのことだった。自分が常駐代表部に顔をだすことは厳禁であったことは承知していたが、にもかかわらず危険を冒した。そこでわたしに知らされたのは、自分がコミュニズム思想のプロパガンダの特別嫌疑者リストにふくまれていて、投獄の危険が差し迫っているとのことであった。そのことを踏まえるとモスクワに出発したほうがよいと勧められた。

　数日後にはビザが届き、当局も留めおこうとはしなかった。別れ際に領事が言った。

「モスクワでは、まずは同志クノリンのところに寄りなさい。かれは中央委員会煽動宣伝部《アジプロ》で働いています」

　わたしがリーガで過ごした一年はむだではなかった。じつにさまざまなかたちで創作にかかわることができた――労働者演劇をめぐる議論や討論、新聞雑誌での発言、大人向け芝居、児童演劇セクション創設……労働者を政治的に啓発するという主たる課題も、自分の力相応に遂行した。

12

モスクワ、ライヒ、トラー、クノリン、ベンヤミン、ラップ、児童映画館

一九二六年の春、わたしはモスクワのライヒのもとに到着した。「モスクワはぼくの第二の故郷だ」とライヒは言った。モスクワとの出会いを、ライヒは著書『ウィーン、ベルリン、モスクワ、ベルリン』に記している。この本はモスクワで一九七二年に出版されたが、もはやかれの亡きあとだった。かれは首都住民のやさしさ、思いやり、厚意に魅了されていた。ライヒは、ソヴィエト国にいると天国にいるみたいだと、繰り返していた。「目的をおなじくする人たちといっしょに暮らすのは、とても幸せだ!」ライヒは集会などでもよく演説し、思いの丈をすべて発言できることを喜んでいた。ビザの期限が切れると、それをさらに三カ月延長した。一九二五年には、モスクワに永住することを決め、ソヴィエト市民権を発行してくれるよう頼みこんだ。願いは認められた。パスポートではまち

がって一八九四年生まれになっているが、実際にはベルンハルト・フェルジナンドヴィチは一八九二年の生まれである。わたしは誤りを指摘し、訂正にいくよう勧めた。

「だけどアーシャ、ぼくにはどっちだっていいんだ」かれは言った。「訂正の必要など全然ないよ」

ライヒは、学者生活改善中央委員会の寮に宿泊することになり、ラップ〔ロシア・プロレタリア作家連合〕の指導者たち――ヴラジミル・ビーリ＝ベロツェルコフスキー〔一八八五―一九七〇〕、レオポリド・アヴェルバフ〔一九〇三―一九三七〕、ヴラジミル・キルション〔一九〇二―一九三八〕、アレクサンドル・アフィノゲノフ〔一九〇四―一九四一〕、ユーリー・リベジンスキー〔一八九八―一九五九〕、アナトリー・グレボフ〔一八九九―一九六四〕、G・レレヴィチ〔一九〇一―一九三七〕、エマヌイル・ベスキン〔一八七七―一九四〇〕、ヨガン・アリトマン〔一九〇〇―一九五五〕――と知り合いになった。

ライヒはすでにウィーンで哲学博士号を取得していたが、モスクワで働くには学びなおす必要があった。共産主義アカデミーに入学し、六年間の予定の大学院課程を二年間で終了した。ラニオン（ロシア社会科学・研究機関連合）の教授陣は、ライヒの哲学的認識と、博識や知性を評価したのである。かれは責任あるポストに抜擢された。共産主義アカデミー付属演劇副セクションの研究管掌者や、しばらくのあいだ国立演劇芸術研究所の副校長も努め、マルクス・レーニン主義的芸術理論を講じた。

ライヒと議論を戦わすのはむずかしく、それほどに論拠に説得力があり論理的であった。科学アカデミーで、「ファシストはいかにドイツの古典を解釈しているか」という報告をおこなったときには、客席は満員だった。ライヒのロシア語は正しくなかったが、みんなは注意深く耳を傾けていた。

一九三一年にアフィノゲノフが、芸術と弁証法的唯物論に関する自著〔『演劇創作方法』〕を公刊する。そこでは、弁証法的唯物論が機械的に、鐘さながら、芸術につりさげられていた。ラップの作家会議でライヒはこの本に猛反対した。大会の議長団には、ラップ理事会のメンバー――アヴェルバフ、キルション、リベジンスキーほか――がいた。発言者の持ち時間は一〇分とかぎられており、それは厳守だった。

「あなたの時間は過ぎました」とアヴェルバフは告げたが、客席から抗議の声があがった。ライヒにたいして、その報告を延長するようにとの拍手が起こった。長いこと静まらなかったが、再び発言権があたえられた。そのあとにはメイエルホリドが発言し、ライヒを断固支持した。

ライヒはつねに働いていた。当面の資料を執筆・考案したり、文献を研究していた。疲れたときは、推理小説を読むのが最大の慰めになっていた。ベルリンから、ブレヒトが何束も送ってきていたのである。ライヒは、マルクス・レーニン主義の代表的著者の著作に通暁していただけでなく、古典古代の文学やドラマトゥルギー、西洋やソヴィエト・ロシアの現代ドラマトゥルギーにも精通しており、新しいものはなんでも追っかけていた。美学をめぐるシラーとゲーテの書簡が好きで、何度も読みかえしていた。わたしに語ったところでは、十歳そこその頃にシェイクスピアを読みはじめ、その登場人物どうしが延々とフェンシングをしたことや、すべての戯曲で「死体が山積みになっていた」ことに惹かれたらしい。

かれは、アブストラクトを一切持たずに講義をおこなっており、引用箇所のある本すら講壇に持っていかなかった。何頁も暗記することができたのである。かれのすべての著作は――研究的性格のものであれ、文学や演劇学関係のものであれ――ドイツ語で書かれており、最後の著書『ウィーン、ベルリン、モスクワ、ベルリン』だけがロシア語で書かれている。ロシア語を話せるようになったのは速かったが、考えるのは母語でつづけていた。かれは、語彙は豊富だったが、語と語の文法的一致をとうとうものにできず、よくまちがって発音していた。国立演劇芸術研究所の学生たちは、コミック寸劇でかれの発音をよくもじっていた。

*

最初の何週間か、わたしが落ち着き、住まいを見つけるまで、わたしたちは「リヴァプール」ホテルの部屋に泊まっていた。このホテルには、エルンスト・トラーと、エゴン・エルヴィン・キッシュ〔一八八五―一九四八。チェコスロヴァキアの作家〕も宿泊しており、ライヒがわたしを紹介してくれた。

わたしは、詩人フランツ・ヴェルフェル〔一八九〇―一九四五〕が上院のバルコニーから、オーストリアは共和国であると宣したときに〔一九一八年にオーストリア＝ハンガリー帝国が解体し、共和制となった〕、そのとなりにキッシュがいたことをすでに知っていた。当人とわたしたちが近づきになるまえから、キッシュはすでに有名なドキュメンタリー・レポーターだったのである。当時のかれは「韋駄天レポーター」と呼ばれていた――ルポルタージュの戦闘的精神、限界までの明瞭さ、公正さからして、それももっともだった。キッシュは、ソヴィエト連邦にいたく共感し、わが国を縦横無尽にまわっていた。現在のコムソモール広場で当時おこなわれていた煽動的演し物に関する論考のタイトルを、キッシュがライヒにこっそり告げたのだが、それは「三つの中央駅のあいだの演劇」だった〔この広場にはヤロスラヴリ駅、レニングラード駅、カザン駅という鉄道ターミナルが三つある〕。

エゴン・キッシュをたたえて、政府会館（いまの〈軽演劇《エストラーダ》劇場〉）のクラブで文学の夕べが催され、わたしは「韋駄天レポーター」の創造をめぐる報告をまかされた。しばらくして、わたしの報告は『若き親衛隊』誌に掲載された。

　トラーについては、まさに伝説が流布していた。かれはとても有名な劇作家だった。わたしは、ラインハルトの〈大ドラマ劇場サーカス〉で、マルティンが演出した『転変』と『機械破壊者』や、『群衆＝人間』〔一九二一年〕といったトラーの作品を観劇していた。思いだされるのは、芝居『機械破壊者』の初演のあと、マルティンが獄中の作者にあいさつの電報を送ろうではないかと提案したとき、客席が万雷の拍手に包まれたことである。

キッシュ，年代不明

『機械破壊者』は、裏切られたラッダイト運動者たちの蜂起を描いていた。これは、ドイツにおける革命の敗北の理由や、そのさいの社会民主主義者たちの裏切り的役割をほのめかしていた。のちの一九二四―二五年に、この戯曲は〈革命劇場〉で上演され、好評を得た。

　エルンスト・トラーは、とても魅力的な外貌をしており、友人たちには感動的なまでにやさしかった。すらりとしていて、青白い顔のトラーは、いかにも傷つきやすそうに見えた。かれは、よくわたしたちに詩を朗読してくれたり、獄中で『燕の書　詩集』〔一九二四年〕を書いていたときの様子を語ってくれた。朗読はとても表現力豊かであると同時に飾り気がなかった。

トラーをモスクワは英雄として迎えた。かれは、両腕でかかえられるように大事にされ、あらゆる祝賀式典に招かれ、戯曲も上演されていた。名高き劇作家は、つねに友人たちに囲まれていて、万人の注目に酔いしれていた。感きわまって、楽天的な、子どもっぽい気分になることもときおりあった。ところが突然すべてはおわった。トラーはバイエルン時代に深刻な過ちを犯したとの話が流れると、(15)皆はつい最近までの偶像から一挙に離れ、かれのまわりは真空になった。わたしたちは懸命にかれをなだめていた。けれども、トラーの「暗黒の日々」はそう長くつづかずにすんだ。ルナチャルスキーや親友たちに支えられ、速やかに自信をとりもどしたのである。のちにかれはアメリカに旅立ち、そこでとても孤独な生活を送ることになる。一九三九年にみずから命を絶った。

わたしは、モスクワ到着後すぐさま、ヴィリス・ゲオルギエヴィチ・クノリンのもとに向かった。大きくて明るい執務室を覚えている。上質の机がおかれ、窓はとても大きく、丈が高かった。クノリンを見かけると、わたしはためらって入り口あたりで立ちどまった。クノリンはさっさと出迎えにきて、両手を差しのべた。

「ラブディエン（こんにちは）！　モスクワにようこそ、アンナ・ラーツィス！」かれはラトヴィア語で話した。おそらく、わたしがとまどっているのに気づいたのだろう。こう付け加えた。「わたしたちは承知しています、ラトヴィアでのあなたの活動についてすべて承知しています」

かれは、わたしをソファにすわらせ、となりに腰をおろした。

「どの劇場で働きたいとお考えですか」かれはすぐにたずねた。わたしはとまどった。第一に、この党の大物がわたしの活動を知っているだけでなく、こんなにも歓迎してくれるなどとは想像だにしていなかった。第二に……つまり、モスクワの通りで浮浪児たちを見て、わたしは気づいたのである、この子たちこそ配慮すべきなのだ、と。

「劇場ですって？　そうではありません！　わたしは子どもたちといっしょに働きたいのです」

クノリンはあっけにとられた様子だった。

「それでしたら、わたしがお手伝いできることはなにもありません……国民教育部門への文書を、学校外教育部門主任のカリニナに手渡すこと以外は」

わたしたちは、リーガのことやラトヴィアの状況についてさらに少し話した。別れ際に、ヴィリス・ゲオルギエヴィチ・クノリンは、〈第二モスクワ芸術座〉の『ハムレット』の観劇に招待してくれた。

翌日この芝居を観た。主役を演じたのはミハイル・チェーホフ〔一八九一―一九五五〕である。ハムレットはわたしには気に入らなかった。あまりに様式化されすぎているように思えた。世界のドラマトゥルギーのきわめて深遠な戯曲のひとつが、この解釈では、貧弱なものになっている気がした。

このの ち、わたしとライヒはクノリンのもとをよくたずねた。かれはラトヴィア文学と民族文化の発展を入念に見守っていた。のちにかれは、ドイツの劇作家でコミュニストのフリードリヒ・ヴォルフ〔一八八八―一九五三〕の戯曲『農民ベッツ』〔一九三三年〕を、ラトヴィア人劇場〈スカトゥヴェ〉で上演するよう提案し、わたしの顧問をつとめ、必要な文献や資料を提供してくれた。

クノリンは、信念を持ったボリシェヴィキ＝レーニン主義者で、つねに自然体でいて、社交的ながら控えめだった。カメンヌイ・モストそばの政府会館の中にある、簡素な家具調度の住まいに、両親といっしょに暮らしていた。

実際にはごくささいなエピソードなのだが、かれの素朴さと謙虚さを端的にあらわしているケースが、記憶に残っている。わたしたちは、エルミタージュ公園の劇場にはいろうとしていた。チケット売り場は長い列で、クノリンは最後尾にいた。

「ほんとうに、わたしたちも列に並ばなきゃいけないんでしょうか？」わたしはたずねた。かれはためらいがちに売り場窓口にいった。身分証明書を提示すると、大騒ぎになった――「中央委員会メンバーだ！」わたしたちは入り口で出迎えてもらい、ボックス席に案内された……

党モスクワ委員会の依頼にもとづき、わたしはクラースヌイ・ザールで、「ブルジョア演劇はプロレタリアートになにをあたえているか」という講義をおこない、モスクワの『クリエヴィヤス・ツィーニャ〔ロシアの戦い〕』紙に掲載された。わたしが語ったのは、リーガの芸術劇場でアンドレイス・ウピーツの戯曲『ミラボー』〔一九二〇年〕がどのように上演されたか、バスティーユ奪取がいかに演じられたかであり、色とりどりの三角帽をかぶり、堂々と足を上げ、しなやかに手をうごかしながら、若い男女が赤旗をもってバスティーユ襲撃に向かっていった様子だった。夢中になったわたしは、こうしたディテールをかれらがどのように演じたかを示しはじめた。客席に楽しそうな笑いが起こった。

クノリンにもらった文書をたずさえ、わたしは学校外教育部門に出かけたところ、まずはソコリニキで夏期児童広場を催す仕事が任された。

秋が訪れ、広場は閉鎖の日が迫っていた。閉鎖の日、子どもたちは自分たちが書いた芝居を披露し、踊り、朗唱し、歌った。それもすべておわってしまい、わたしたちは四散したのだが、その帰り道にわたしは不調を感じた。体が引きつり、ものが二重に見えはじめ、バランスを失った。

かくして最初のうちは病院にはいり、そのあと療養所に移った。ライヒは、ベンヤミンに手紙を書いて、わたしが重病であることを知らせた。ヴァルターは、ベルリンからモスクワへ駆けつけてきた。かれは、スハレフ塔近くのアパートの中のわたしたちの部屋を見ると、調度品があまりないことに驚いた。ベンヤミンは、ライヒがモスクワにくるまえの暮らしぶりを知っていたのである。幼い頃から甘やかされて、理想的な条件下で育ったベルンハルトが、当人の意見によれば、「もっとも必要なものをあきらめ、たくさん働きながらも、幸せに感じている」ことに、驚いていた。のちにベンヤミンは理解するのだが、ライヒにとって基本的なことは、自分の思想への信頼であって、かれは思想のためには、個人的な平凡な暮らしを犠牲にして、自分自身のことは完全に忘れていたのである。ライヒのこうした取り憑かれようには、ベンヤミン自身も惹かれていた。

「ぼくは別の衛星に飛んできたみたいだ！」ベンヤミンは言った。かれは、当時のモスクワの激しい生活テンポに混乱していた。無数の会議や討論会が催され、激しい議論が戦わされ、観たこともないような芝居が上演されていた。ライヒは、かれをつれて作家たちの会議に出かけていたが、そこではアンドレイ・ベールイが報告していた。ベルンハルトがベールイの発言を通訳し、ヴァルターは感激していた。

二人は、メイエルホリドの『検察官』の初演も観た。例によって上演後には、観客も加わっての議論が湧きあがった。客席は煮えたぎり、敵たちは芝居を罵倒し、メイエルホリドを詐欺師とかフォルマリスト呼ばわりし、非リアリズム的とも思われる手段——誇張、グロテスク、道化芝居、さらには構成主義的な条件的舞台装飾——を使用していると非難した。ほかの者たちは、メイエルホリドを熱狂的に支持していた。

　メイエルホリドが反撃にかかった。機知に富み情熱的なかれは、夢中になって自分の見解を主張するあまりに、切れ味鋭い言い回しが敵対者たちの怒りを買うこともあった。若者のグループはかれを支持する一方、観衆の一部は抗議をして口笛を吹き、怒っていた。

　こうしたことにすでに慣れていたライヒは、ベンヤミンに、観衆が口笛を吹いているのは芝居にたいしてでなく、議論の進行にたいしてなんだよと説明した。

　ベルンハルトがベンヤミンを『大ソヴィエト百科事典』の編集長に紹介したところ、編集長は「ゲーテ」の項をベンヤミンに注文した。それは公刊された〔ほかの五名との共著〕。また、『夕刊モスクワ』に、ベンヤミンはヘルダーリン論〔インタビュー「ヨーロッパとソヴィエトの芸術」（一九二七年一月十四日）との混同か？〕を載せている。

　ヴァルターが療養所にわたしを見舞いにきたとき、かれは熱をこめて言った。

「どれほどぼくがモスクワで暮らし働きたがっているか、きみが知っていてくれたらなぁ！　生活が不安定であっても、怖くはないさ」

　かれがモスクワに持参したかった唯一のものは、自分の蔵書だったろう。[16]

　数年後、ベンヤミンがパリに亡命したとき、わたしはかれから手紙を受けとった。モスクワにやってきて世界最初の社会主義国家の首都で暮らし働きたいと、また書いていた。（のちに、この手紙はドイツ連邦共和国で発行されていた『アルタナティーヴェ』誌一九六八年一一月号に掲載された(17)。

二〇年代なかばになると、ソヴィエトの文学や芸術には一大変化が生じた。きわめてリアリズム的な生活描写の傾向が、ますます公然と主張されるようになってきた。とはいえ、統一的な芸術綱領は依然として存在しなかった。

マヤコフスキーが創刊し編集長をつとめていた雑誌のまわりに集結したレフ（芸術左翼戦線）の者たちは、革命にいちばん役立つのは頭脳に瞬間的に作用する煽動芸術であると考えていた。かれらは、もっとも強い効果のある芸術手段として、事実や資料を広範に利用した。レフの者たちは、きわだったモニュメンタルな形式の探求を革命芸術の課題とみなしており、論争たけなわのなかで実験のための実験をおこなっていた。

ラップに結集した者たちは、レフに反対の立場にあり、芸術は、まず第一に新しい人間を育み、その内面世界を反映することによって、社会に役立つべきと考えていた。煽動だけでは不十分で、広範な宣伝活動をおこなう必要があるともしていた。ラップの者たちは、既存の形式や、批判的リアリズム〔プロレタリア革命に先立って、国民生活の暗部や矛盾を批判的に描き出した、十九世紀ロシアなどの古典作家の創造原則〕の方法をよしとしており、批判的リアリズムこそプロレタリア文学にとって唯一受け容れられるものであるとみなしていた。ただ、かれらの理解は表面的だった。

レフ系の劇場、プロレトクリト〔プロレタリア文化〕の劇場、〈革命劇場〉、〈トラム（青年労働者劇場）〉は、革命的情熱でもって大衆を引き寄せようとしており、工場や学生の団体とのつながりを強化し、労働者や若者をまえに上演していた。けれども、かれらの影響力はしだいに弱まってきていた。煽動も、内戦時には正当化できたが、それだけでは、国民経済復興と平和建設の時代である今日、もはや不十分だった。新しい世代は、自分の問題にたいする回答を芸術に求めており、自分自身や変わりゆく生活の認識を助けてくれるよう求めていた。出来事の意味を把握するとともに、革命をなしとげた者の内面世界を理解する必要性が、差し迫っていた。

政治感覚に秀でていたベルンハルト・ライヒは、ラップの一員でありながらも、ラップの綱領の限界をかなり早くから心得ており、その直線的で教条的な要求に異議を唱えていた。同時にかれは、メイエルホリド主義者やレフの長所と短所も的確に評価していた。

かれの主張するところによれば、芸術は一様式、一傾向の狭い枠内に閉じこもるべきではなく、多面的で明瞭でなければならない。メイエルホリド、タイーロフ、その他の演出家は、独自の方途、独自の表現形式を探しもとめているのであって、かれらを統一したり、ひとつの型にあてはめる必要はない。誠実であると同時に原則を守る人間だったライヒの発言は、熱がこもり、激しいことも多々あり、ラップの者たちがかれに賛同しないこともしばしばだった。ライヒが入党を申し入れたとき、ラップの活動家たちはかれに試用期間を設けた。数カ月経って初めて全ソ連邦共産党の党員候補に採用された。

一九二六年には、エフセイ・オシポヴィチ・リュビーモフ＝ランスコイ〔一八八三—一九四三〕が〈モスクワ・ソヴィエト国立アカデミー劇場〉で演出したビーリ＝ベロツェルコフスキー作『嵐』〔一九二五年〕をめぐって、相変わらず活発な議論が戦わされていた。この独創的な戯曲では、初めて一労働者がなんら理想化されることなく描かれており、この労働者は、政治状況の機微は理解できないものの、まちがいなき感覚でもって真実を嘘と区別し、自分がどこへ向かっているか、なにを望んでいるかをしかと承知している。俳優V・ヴァーニン〔一八九八―一九五一〕がこの役をみごとに演じた。『嵐』は、ソヴィエト・ドラマトゥルギーにおける画期的なものとなった。

「ビーリは、伝統的で義務的なものとなっている、人びとの〈客観的な〉描写という規則、すなわち作者による評価や作者の姿勢をいわば〈カムフラージュ〉するという規則を、挑発的なまでに激しくうちやぶった。かれは、党に忍びこんでいる敵ども、〈反革命家〉、投機家、異分子を確たる憎悪をもって描写し、革命のための働き者であり闘士である者の姿を厳しい愛情をもって描いた……」――何年か後、ライヒは自著『ウィーン、ベルリン、モスクワ、ベルリン』でこう書くことになる。

ビーリ＝ベロツェルコフスキーは、わたしにとくに近しかった。若い頃かれは、僻地ベーラヤ・ツェルコフィの横暴な父から逃げだして、遠洋航海の見習い水夫として働き、ヨーロッパを巡ったり、アメリカに住んで行き当たりばったりに食費を稼いでいた。二月革命後にロシアにもどり、ボリシェヴィキに入党。内戦時はコルチャーク〔一八七三―一九二〇。白軍の指導者〕と戦った。モスクワにいたあるときに、かれは〈第二モスクワ芸術座〉で、チャールズ・ディケンズ作の『炉辺のこおろぎ』〔一八四五年〕を観ることがあった。情熱的な気質のかれは怒り心頭に発した。「兄弟諸君！　ここまで成り下がったのか！　なんのために闘ったというのか?!」その後、かれは一幕物『血のついたビフテキ』〔一九二〇年〕を書く。これが劇作家としての階段の最初のステップだった。

ラップで討論会があり、ビーリが発言したさまを覚えている。アヴェルバフ、ライヒ、パンフョロフ〔一八九六―一九六〇〕、キルションとわたしは、熱心に耳を傾けていた。不意に、アヴェルバフがビーリを「マハイスキ主義」(18)呼ばわりした。ビーリは顔を赤らめ、肌身離さずにいた太いステッキを振りあげ、侮辱者に跳びかかっていった。パンフョロフと同志たちが、ようやくのことでビーリを押しとどめた。

　わたしは、グレボフ、パンフョロフ、アリトマン（『演劇』誌編集長、レッシング論の著者）、リジヤ・トーム〔一八九〇―一九七六。翻訳者、文芸学者〕、その夫のアレクサンドル・ベーク〔一九〇二―七二〕、パーヴェル・ノヴィツキー〔一八八八―一九七一〕、エイゼンシテイン、ドミトリー・ショスタコヴィチなどとも、よく会っていた。ラトヴィア人では、クノリン以外に、党活動家ダーヴィッ・ベイカ〔一八八五―一九四六〕、ヴィリス・デルマニスとその妻ヘンリエテ〔一八八二―一九五四。図書館学者〕を挙げておきたい。

　グレボフは、エネルギーに満ちあふれており、壮大なプロジェクトを次から次へと提案した。一幕物戯曲をプロパガンダしたり、プロの劇作家たちにコルホーズの舞台で働くよう呼びかけたりしていた。当人もまた、一幕物のシリーズを書いた。当時は無名だったフョードル・パンフョロフを、ラップの演劇セクションに推薦したりもしている。

　わたしはラップの演劇セクションの一員だった。そこには、ビーリ゠ベロツェルコフスキー、グレボフ、ライヒ、アフィノゲノフ、パンフョロフ、リュビーモフ゠ランスコイ、批評家のヴラジミル・ブリューム〔一八七七―一九四一〕、ベスキンその他が加わっていた。演劇セクションは、ラップの思想・芸術綱領や、ラップが唯一正しいとみなしていた、政治的に傾向性のある芸術とリアリズム的描写という原理に従わねばならなかった。戯曲を読み、芝居を検討し、それらをセクションの会議で審議する必要があった。わたしたちは新聞雑誌に発表したり、公開討論会に参加していた。けれどもまもなく、ラップ理事会と演劇セクションの意見は分かれてしまった。

わたしたちの演劇セクションは、はたしてどのような立場をとったであろうか？　わたしたちは、リアリズムを基礎にしてプロレタリア文化を自主的に探究することをひときわ重視する一方で、過去の経験の利点を退けはしなかった。それゆえ、レフの者たちやメイエルホリド主義者たちの探求はあまりに極端であるとして、部分的に否定していた。

当時、とりわけ激しい論争になったのは、〈モスクワ芸術座〉のシステムにたいする評価をめぐってである。

わたしたちには、スタニスラフスキーの「役を生きる」という考え方は、あらゆる探求の全面的拒否のように思われた。〈モスクワ芸術座〉にたいするわたしたちの否定は、かなり長くつづいた。数年後、すでに国立演劇芸術研究所の院生であり、研究所の演劇学講座主任のパーヴェル・ノヴィツキーの秘書でもあったとき、かれに委託されて、わたしは〈モスクワ芸術座〉の創作綱領の分析をおこない、〈モスクワ芸術座〉を「見解の狭さ」ゆえに批判した。ノヴィツキーはわたしの結論を認めてくれた。

ちょうどそのようなとき、「プロレタリア演劇は〈モスクワ芸術座〉をのみ手本とすべきである」という、リベジンスキーが提案したラップの演劇綱領のテーゼを受けとったわたしたちには、もはや妥協の余地はなかった。演劇スタジオの大多数はラップを去り、新たなセクション「プロレタリア演劇」をつくることになる。

「わたしたち」とは、ビーリ＝ベロツェルコフスキー、グレボフ、フョードル・ヴァグラモフ〔一八九九―一九六七〕、リュビーモフ＝ランスコイ、ベスキン、ボリス・ヴァークス〔一八九八―？〕、ノヴィツキー、シェスタコフ、ライヒとわたしである。セクション「プロレタリア演劇」には、ベロルシア〔現ベラルーシ〕出身のミハイル・ラファリスキー〔一八八九―一九三七〕、トビリシ出身のサンドロ・アフメテリ〔一八八六―一九三七〕をはじめ、ほかの者たちも加わってきた。

のちに、わたしたちのセクションは、モルト（国際革命演劇同盟）の主導的中核となった。先走ってからあともどりすることのなきよう、「プロレタリア演劇」のその後の運命についても話しておきたい。わたしたちは、討論用集会室《クラブ》をつくる許可をもらった。場所は、ニコリスカヤ通りにあたえられた。組織化には、ノヴィツキー、シェスタコフ、それにわたしのトロイカ体制があたった。けれども開催されたのは、パーヴェル・ノヴィツキーが報告した一回の集まりだけであった。数年後には〔一九三二年四月〕、ラップと一連のその他の創作組織が廃止されてしまったのである。

だがしばらくは激しい議論が戦わされ、さまざまなグループやセクションが生まれ、そのそれぞれが「唯一正しい」とみなす自前の綱領を持っていた。

文学界の出来事や現象の多くを、わたしとベルンハルトはおなじ眼で見てきており、わたしたちの観点は一致していた。当時の体験については、ライヒが自著『ウィーン、ベルリン、モスクワ、ベルリン』でとても正確に語っており、こうした日々をさらに詳しく知りたい方には一読をお勧めしたい。

*

わたしの病気は長びき、ライヒとダーガを友人たちが助けてくれた。わたしたちは、マルクス・エンゲルス・レーニン研究所のアンナ・ラフリナ〔一九〇〇―一九三七？〕と仲良くなった。彼女のとなりには、有名な女性革命家、シリッセリブルグ〔ロシア北西部、レニングラード州の都市。のちに要塞が監獄として使われた〕の元囚人ヴェーラ・フィグネル〔一八五二―一九四二〕が住んでいた。

わたしは療養所からもどると、ダーガの面倒をみていただいたお礼を述べに、フィグネルのところに寄った。疲労困憊された方との出会いを予測していたのだが、お会いしたのは、すらりとした若々しい女性だった。誠実そうなお顔で、眼はやさしく澄んでいた。彼女は、国際革命戦士支援機関で仕事をつづけていると話し、〈迫害される劇団〉のことをたずね、シリッセリブルグ要塞監獄での独房生活や、そこで自分が嘲笑されていたことなどを話してくれた。

「どのようにして、そうしたことに耐えられたのでしょうか？」

「必要となら、またおなじ道をたどるでしょうね」

わたしは、まだ入院中のときに、児童広場での活動の成功ゆえに学校外教育監督官に任命されたことを知った。病が完全に癒えないうちから、活動にとりかかったものの、時間とエネルギーが多くとられた。学校外教育の統一した方法論がなかったのである。児童広場や宣伝工作班に関するさまざまな案がときとしてあらわれたり、多くの学校でリズム運動の授業がおこなわれたりもしていた。わたしも学童たちを組織化し、即興劇を教えた。おなじ頃、わたしは観客研究委員会でも働いている。わたしたちは、工場で討論会を開いたり、上演中の客席の反応を観察した。

国内には、すでに少なからぬ数の児童劇場が存在していた。それらのひとつ――〈モスクワ児童劇場〉――を指揮していたのは、ナタリヤ・サーツ〔一九〇三―九三〕だった。彼女はライヒと知り合いで、二人はいっしょにヴェーラ・セリホヴァ〔一八八七―?〕とサーツの戯曲『フリッツ・バウアー』〔一九二八年〕の上演に取り組んでいた。場面の一部分はサーツが演出し、残りの部分はライヒが演出ということだった。わたしは、子どもたちのために大人が演じるのではなく、子どもたち自身が演じるべきであって、それが子どもたちにとって全面的発達の最高の学校となるだろう、と相変わらず考えていた。いまでは、もちろん、当時の自分の観点が一面的であったこと、初期のこうした児童劇場がじつに大きな役割を果たしたことを理解している。だが当時のわたしは、子どもたちにできるだけ多くの自主性をあたえ、かれらの能力を打ち開いて、積極性を身につけさせられるような、子どもとの活動形式を求めつづけていた。

　スハレフ塔のそばや、二〇年代に有名だったスハレフ市場付近には、浮浪児たちがたむろしていた。一方、数ある映画館の近くでは、入場しようとする少年少女の押し合い圧し合いが常だった。かれらの映画熱を、しかるべき軌道に向けねばならない。児童映画館をつくるという考えが浮かんだ。わたしはクルプスカヤ〔一八六九―一九三九〕に頼みにいった。クルプスカヤには、教育人民委員会やソフ・キノー（ソヴィエト映画）理事会で面識を得ていたのである。彼女は、わたしの提案に賛同したうえで、映画を特別に子どもたち向けに上映しなければならないわけではまったくなく、目下のところは大人向けの既存の映画を利用するほうが目的にかなうのではないか、と言った。クルプスカヤは、ソフ・キノーに付属して映画を定期的に試写するための委員会を設けることを提案した。まもなく、そのような委員会が創設され、わたしたちは毎日三本ずつ試写し、児童映画館向けの映画を選んでいった。

　クルプスカヤから受けた印象は忘れがたい。彼女の率直さと謙虚さはじつに魅力的だった。いつもやや疲れ気味の顔の表情、秀でた額、澄んだ眼、うなじのあたりで束ねた撫でつけた髪——そのような姿を、わたしたちは数多くの写真から知っているが、実際そのとおりだった。彼女の礼儀正しさと心のこもった節度には、目を見張るものがあった。彼女のまえに出るとわたしはすこし怖気づいたが、クルプスカヤは、わたしが固くなっているのに気づかないふりをして、会話をつづけ、その繊細さと静かな声で安心させてくれた。

覚えているのだが、エイゼンシテインの『十月』〔一九二七年〕を初めて鑑賞したあと、クルプスカヤは映画を称賛したが、このとき、なにか言い残しているような気がした。

「わたしが思うに」とうとう彼女は口を開いた。「レーニンが写真そっくりであることはそんなに重要じゃない。必要なのは、いったいレーニンがどんな人物であったかを観客に伝えることだわ」

結局、クルプスカヤの支援を確保して、わたしは映画館を探しはじめた。スハレフ市場からほど遠くないところに〈バルカン〉（いまの〈フォーラム〉）があった。大きなホールで、玄関ロビーもすばらしかった。だがモスクワ興行事業管理局は、〈バルカン〉を児童映画館にあてることに同意しなかった——それでは採算がとれなかったのである。けれども、教育人民委員会の支持もあってわたしたちは希望をかなえることができ、〈バルカン〉を〈児童映画館〉と改称して、十月革命十周年に合わせて盛大に開館した。『奴隷の翼』〔一九二六年〕、『クヌイシ親父一味』〔一九二四年〕、『バグダッドの盗賊』〔一九二四年〕、『赤い小悪魔たち』〔一九二三年〕、『アブレク・ザウル』〔一九二六年〕などが上映された。

のちに全ソ連邦ラジオのアナウンサーとなるトルストヴァ（彼女の名は覚えていない）が、上映前に映画の内容について観客たちと談笑をした。

わたしの活動の絶頂期に、モスクワにヨハネス・ベッヒャーがやってきた。

知り合いになるまでは、ベッヒャーは青白くて、やせ細っているものと想像していた。だが実際にはまったく別であり、肩幅の広い、丸顔の、肉付きのいいひとで、詩人というよりも実業家に似ていた。わたしは、かれに自分の仕事について語り、学校外児童教育の基本原理を説明した。ベッヒャーは興味を持ってくれた。かくして、わたしたちはそりに乗って——冬のことだった——、『奴隷の翼』が上映されていた映画館へと向かった。別れ際にかれは、ドイツにもおなじような児童クラブをつくらなくては、と夢を語った。

おなじ頃、モスクワにはエルヴィン・ピスカートアやレオン・ムシナック〔一八九〇—一九六四〕、さらにはほかの外国の芸術関係者たちも招かれていた。〈モスクワ芸術座〉でかれらはミハイル・ブルガコフの『トゥルビン家の日々』〔一九二五年〕を観劇した。この芝居に来賓はがっかりした、いやそれどころか、憤慨すらしていた。ソヴィエト演劇の舞台で、ソヴィエト政権の敵である白衛軍への明らかな共感が透けて見える戯曲など、どうして上演できたのか、というわけである[19]。その代わりに『嵐』は、かれらは異口同音に称賛した。「ようやくわれわれは革命を眼にし、いまや、モスクワにいることが実感できたのだ！」

〈バルカン〉での仕事にわたしは夢中になった。子どもたちは、みずから秩序を守るようになり、規律正しくなっていった。いつだったか、わたしはかれらに、映画館で眼にしたことを絵に描くよう提案した。かれらは、床にとても大きな紙を敷いて、それを見下ろし、描きはじめた。わたしたちは、この作業に夢中になったばかりに、上映と上映のあいだにやるべき視覚教材の展示をすっかり忘れて

映画館〈フォーラム〉

映画『奴隷の翼』のポスター

しまっていた。皆が意気揚々と満足しながら自分たちの絵を貼りだしたとき、わたしの仕事の点検のために差し向けられた委員会が、いきなりあらわれた。

「視覚教材はいったいどこですか？」監督官は詰問した。かれは〈バルカン〉が利益をもたらしてないことを知っており、わたしを解雇する理由を探っていたのである。

　児童映画館での自分の活動経験をわたしは、L・ケイリナとの共著の二冊『子どもたちと映画』〔一九二八年〕と『児童向け映画の注釈』〔A・シルヴィントも加えて三名の共著『児童向け映画の目録』一九二九年か？〕にまとめた。わたしたちは、「教育映画は、地図、地球儀、他の学習備品などとおなじ程度に、学校に必要となるであろう。教育映画はつねに教育者の手元にあるべきだろう」と書いた。

　教育人民委員会は学校での映画導入に関心を持ち、この分野における外国の成果を調査することに決まった。こうして、二つの組織――ソフ・キノー理事会と教育人民委員会の部門――は、一九二八年、学習映画を調査するために、三カ月の予定でわたしをベルリンに出張させた。

13 再びベルリン、文化映画、ベッヒャー、「プロレタリア児童劇」、ヴェルトフ

ベルリンでは、よき友人たちが待ってくれていた。ベルトルト・ブレヒト、ヴァルター・ベンヤミン、ヴィリー・ブレーデル〔一九〇一―一九六四。小説家〕、ヨハネス・ベッヒャー、ハンス・アイスラー〔一八九八―一九六二〕、ほかにも多くの人たち。

都市は、迫りくる危機の嵐をまえにした息詰まるような空気の中で生きていた。未来を予測するのはまったく不可能である。ベルリンでは、相反する事象が引きも切らなかった。クアフュルステンダムやウンター・デン・リンデンでは金持ちが生活を謳歌している一方、巨大な労働者地区ではヨハネス・ベッヒャーやエーリヒ・ヴァイネルト〔一八九〇―一九五三〕が革命的な演説をおこない、詩を朗読している。「バリケードのカルーソー」という異名をもつ人気歌手エルンスト・ブッシュ〔一九〇〇―一九八〇〕は、アイス

ラーの音楽にのせてブレヒトの詩を歌い、しばしばアイスラー当人もピアノを弾いていた。マクシミン・ヴァレンティン〔一九〇四―八七〕とそのアジプロ集団「赤いメガホン」、ヘルムート・ダメリウス〔一九〇五―八五〕とかれの「左翼縦隊」も人気があった。新聞雑誌も、労働者劇団を軽視するわけにはいかなくなっている。ノレンドルフプラッツでは、コミュニスト演出家のピスカートアの政治演劇がすでに一年間活動しており、その存在はブルジョア的なジャーナリズムですら認めざるをえない。ベルトルト・ブレヒトの『三文オペラ』は、シッフバウアーダムの劇場で着々と成功を収めていた。

ナチスの突撃隊が、労働者向けの革命劇を上演していたホールに突入し、けんかを仕掛け、観客に悪臭を放つ爆弾を投げつけるようなこともあった。新聞紙上には銃撃戦のニュースが載っており、死者や負傷者も出ていた。労働者の大量解雇の波が押し寄せ、新聞雑誌は経済の危機的状況を告げている。

ときおり、コミュニストの集会にファシストや無党派の若者があらわれ、激しい議論の末に流血の大げんかになることもあった。

そのようななか、わたしは仕事にとりかかった。しばらく経って、通商代表部で〈ソフ・キノー〉理事会代表のコンスタンチン・マトヴェーヴィチ・シヴェトチコフ〔一八八四―一九五二〕に会った。ベルリンにやってきた目的を確かめると、意外なことに、ベルリンに一年間とどまらないかと提案してきた。文化映画と児童向け映画の報道主任兼コンサルタントとして、通商代表部の映画部門で働かないかというのである。

わたしはこのことをライヒに知らせた。かれはベルリンにとどまるよう勧めた。

報道主任の仕事のおかげで、演劇関係の事柄を研究できる可能性が果てしなく広がった。また、ドイツの文化や政治の現状がそっくりわたしの観察と研究の場になったということでもあった。それに加えて、ソヴィエト連邦から送られてくる児童映画やいわゆる文化映画の上映会を催す義務があった。あるとき、共産党中央会館（リープクネヒト会館）の文学部門を指揮していたヨハネス・ベッヒャーが、ソヴィエトのドラマトゥルギーと演劇に関する連続講義を、労働者聴衆にたいしておこなわないかと提案してくれた。だが何回か聞いたあと、かれはわたしを非難した。

「きみは〈プロレタリア劇場〉グループをあまりにとりあげすぎで、ラップの劇作家たちに言及していないじゃないか」

いつだったか、ベッヒャーの住まいに革命的な劇作家や作家の一団が集まったことがある。だれかがブレヒトとベンヤミンに反対したが、わたしは二人を熱心に擁護し、かれらが進歩的な人物であり、かれらをリープクネヒト会館の積極的な活動に引き入れ、闘争に参加させるべきであると説得した。ベッヒャーは、わたしに廊下に出ていくよう合図し、そこで腹立たしげに叱責した。

「アーシャ、きみはなにを言ってるんだ？」かれは大声を張りあげんばかりだった。「〈プロレタリア劇場〉グループの代表としてモスクワからやってきたというのに、ブルジョア文学者を弁護するなんて！」

当時、ベルトルト・ブレヒトはすでに『バール』、『夜の太鼓』、『都会のジャングル』を発表していた。これらの戯曲は、プチブル階級にたいする抗議を表現していたが、まだインテリゲンツィヤ的で、無党派的な立場からのものだった。（戦後、ブレヒトにたいするベッヒャーの態度は大きく変わった

——ベッヒャーは、ブレヒトが〈ベルリーナー・アンサンブル〉劇場を組織するのを先頭に立って援助した)。

あるとき、わたしは労働者をまえに演説しながら、わがソヴィエト連邦では相互扶助の原理が発達しており、女性は男性とひとしい権利を有していることを強調した。そのときいきなり、客席の入り口あたりで叫び声がとどろき、いさかいがはじまった。首謀者たちが演壇によじのぼろうとしながら、脅してきた。

「ソヴィエトの煽動者は失せろ! モスクワの回し者は失せるんだ!」

ベッヒャーが剛健な者たちをつれて駆け寄ってきた。

「アーシャ、さあ逃げるんだ!」

わたしたちは、狭い廊下、階段などをなんとかすりぬけ、屋根の上にしばらくいてから下に降り、通り抜け可能な中庭を横断して隣の街路へと出た。

「きみが今日眼にしたようなことが、ますますひんぱんになってきている」ベッヒャーは言った。「闘いは火蓋を切ったばかりだ。たぶん、あのホールでもすでにどんぱちがはじまっているだろう。こんなことがしょっちゅうだよ」

その晩、わたしはベッヒャーにオリョールの情操教育児童劇場のことを話した。ベッヒャーは、ベルリンのリープクネヒト会館に付属して同様のものを設けるよう提案し、劇場の綱領のあらましの作成を依頼した。わたしは自分の構想をベンヤミンに相談した。

「ぼくに基本的な理論的テーゼを書かせてほしい」ヴァルターは眼を輝かせた。

数日後ベンヤミンは、とても小さい文字で埋め尽くされた何枚かの紙切れをもってきた。「プロレタリア児童劇」というタイトルだった。わたしは、それらをベッヒャーのところに届けにいった。「これは、ベンヤミンが書いたのかい?」ベッヒャーはたずねた。「突き返して、もっと読みやすい言葉に書き直させなさい」

ヴァルターは、もうひとつの版を書きあげた。最初の版はどこかに消えてしまったが、一つめの版をわたしはベッヒャーに届けた。[20] けれども、ここで脱線せざるをえない。

ドイツには、ベンヤミンの文学遺産や哲学遺産を蒐集し解読している二つのアーカイブがある。ひとつはフランクフルト・アム・マイン、もうひとつはポツダムにある。フランクフルト・アーカイブの研究員たちは、ベンヤミンが最期まで観念論者のままであったことを証明しようとしているのにたいし、ポツダム・アーカイブの研究員たちはベンヤミンの唯物論的立場を証明する資料を見つけてい

ベンヤミン，1925 年

ベンヤミン『コミュニズムの教育学／おもちゃと遊び／プロレタリア児童劇のプログラム／建設現場』1969 年

る。

六〇年代なかばにわたしは、西ドイツの雑誌の編集長ヒルデガルト・ブレナー〔一九二七―〕から、わたしとヴァルターの書簡のコピーを送ってくれないかとの手紙を受けとった。残念ながら、書簡は残っていなかったため、わたしは思い出になにかを語ることを提案した。わたしの話は『アルタナティーヴェ』に掲載され、またのちの一九六八年四月号には、情操教育児童劇場に関するわたしの論考が、ベンヤミンが作成した綱領とともに収められた。

以下に、拙稿の要旨をあげておきたい。


労働者階級のみが、最大級の賢明さと責任、人間性をもって、子どもたちに接している。このことは労働者階級の長所であり、ブルジョアジーに比しての特権ですらある。なぜならば、プロレタリア的教育法は、内容豊かな子ども時代を子どもたちに保証しているからである。子どもはつねになにかに興味をいだき、なにかに夢中になっているべきであるというのが、教育の基本的要求である。演劇は、子どもたちにとって、弁証法的に根拠づけられ規定された場所であり、そこにおいてのみ、一定の方向で教育を実現することが可能となる。ロシアの教育関係者たちが児童サークルで汲みとった新しい情報は、つぎのような結論に導いている。すなわち、子どもたちが生きている現実世界は、それをめぐる子どもたちの想いに合致していなくてはならない。

　教育関係者の課題は、対象なきファンタジーの危険な魔力から子どもを守り、その子の想像力を具体的行為の有益な軌道に方向づけることにある。そうした行為は、児童劇場のじつにさまざまな活動領域のなかに探しだすことができる。たとえば小道具の制作、絵画や芸術的朗読、音楽、ダンス、即興劇など、こうしたことを調和させることが、教育の基本課題である。プロの俳優なら技量に頼るような場合に、子どもの中では即興の天才が目覚める。まぎれもなく、まずは即興からはじまるのである。児童劇場では、戯曲の上演は即興的なものとなっていき、それと同時に、右記のすべての活動領域の有機的総合となっていく。教育とは反対に、芝居への子どもたちの参加は、ぎこちなさや内気から子どもたちを完全に解放する手段なのである。

綱領からのこうした抜粋は、教育者、とりわけあらゆる芸術領域で子どもたちと働いている教師に、まちがいなく興味を引き起こすものと思われる。残念ながら、ベルリンのリープクネヒト会館では、わたしはベンヤミンの原理を実現することができなかった。そこでのわたしの活動は短期間でおわり、やがて別の活動に専念することとなったのである。

ソヴィエト連邦では、いわゆる文化映画のシリーズが出ていた。わたしは、このシリーズの映画『シベリア』や、さらにはエスフィリ・シューブ〔一八九四—一九五九〕が文書と記録映像をモンタージュして製作した映画『ロマノフ朝の崩壊』〔一九二七年〕も覚えている。

この頃、ソヴィエト・ロシアのドキュメンタリー映画に、「キノキ（映画眼）」という新しい流派が登場した（〈キノー（映画）〉と〈オーコ（眼）〉からつくられた言葉）。それは、ジガ・ヴェルトフが主唱したものだった。ヴェルトフは、ベルリンの通商代表部に最新作『モスクワの生活の二四時間』を送ってきた（ヴェルトフが撮りおえた映画『歩め、ソヴィエト！』〔一九二六年〕の断片の意訳）。「キノキ」とその映画をめぐっては、激しい議論が戦わされていた。わたしはこの映画が気に入っており、ヴェルトフを助け、映画に注目を引かせたかった。このとき、またもやベンヤミンが助けに駆けつけた。

「いまいちばん人気のあるドイツの映画批評家は、『フランクフルト新聞』のクラカウアーだ」ベンヤミンは言った。「かれが映画を支持してくれたら、成功はまちがいなし。ぼくはかれと知り合いなんだ。ジークフリートがベルリンにあらわれしだい、きみに知らせるから」

ジークフリート・クラカウアー〔一八八九—一九六六〕は、プチブルの危険性を指摘した著書『サラリーマン』〔一九三〇年〕で有名である。コミュニストはこの大量に存在する人間にほとんど注目しておらず、かれらとともに活動せず、煽動もせず、「かれらを洗脳していない」と、かれは書いている。それではむだである、と。階級闘争の本質をサラリーマンに解き明かさねばならないというのである（同様の見解はフリードリヒ・ヴォルフも持っていた）。

わたしはクラカウアーに電話し、ヴェルトフの映画を見にきてくれるよう招待した。クラカウアーは映画が気に入った。

数日後、フランクフルトの新聞にエッセイ「ヴェルトフとキノキの原理について」が掲載された。それは新聞の下欄全体を占めていた。通商代表部には、映画鑑賞会を催してほしいとの依頼が何通も送られてきた。鑑賞会は、ベルリンの最上の映画館のひとつで開催され、そのあと、新聞や雑誌の頁に歓喜に満ちた評論が相次いだ。ヴェルトフをベルリンに招くことが決定され、かれは、アレクサンドル・ドヴジェンコ〔一八九四—一九五六〕とエスフィリ・シューブといっしょにやってきた（この両名は「キ

映画『歩め，ソヴィエト！』のポスター

クラカウアー『サラリーマン』1930年

ノキ」に属してはいなかった）。ヴェルトフがベルリンに滞在の間、わたしたちはハンガリーの有名な構成主義芸術家モホイ＝ナジから自宅に招待された。かれは自作において、絵画を写真と統合しようと試みていた。後日ヴェルトフは、ナジが制作した写真をわたしにプレゼントしてくれた。そこには、「アンナ・エルネストヴナ・ラーツィス。キノキの救出者」という表題が付いていた。

約一年間ドイツの首都で働いているうちに、わたしはダーガとライヒがいない寂しさで精神的に疲れてしまい、かれらが一カ月の予定でベルリンにやってきてくれた。ライヒの到着を、わたしはブレヒトに知らせた。いっしょにチャーリー・チャップリンの短編映画を見たことを覚えている。ブレヒトとダーガは、笑い疲れるほどゲラゲラ笑っていた。とくに、漁師チャーリーに釣り糸が巻きつくシーンでは。

ベルンハルトとダーガが去ったあと、わたしは病気にかかった。協応動作が乱れているとのことだった。ベンヤミンはわたしを、高名な神経病理学者であり外科医のクルト・ゴルトシュタイン〔一八七八―一九六五〕に診せた。

「数分では診断はくだせません」ゴルトシュタインはこう言って、フランクフルト・アム・マインのかれの療養所で一連の治療を受けるよう提案した。

教授は四十五歳くらいだった。中背で、肩幅が広く、髪はなでつけた栗色でやや黒みがかっており、灰色の眼は思いやりがあり、いかにも賢明に思われた。ゴルトシュタインは、ドイツのはるか圏外でも名を馳せており、その病院では精神分析を適用したり、頭蓋開口をおこなっており、頭蓋に関する多くの論文を執筆していた。

ゴルトシュタインは、わたしを出迎え、自分の病院へと案内した。途中でモスクワについていろいろたずね、ときには、何色がわたしのお気に入りかなどといった、まったく関係のない、奇妙に思われるような質問をしてきた。

わたしたちを看護師が迎え、部屋に案内した。わたしは、あっと声をあげた。そこには、わたしの好きな二つの色――黄土色と群青――しかなかったのである。カーテンは青色染料のように青く、花びんには黄色のキク。「さすが、教授」と思うとともに、ライヒが色彩は神経系を落ち着かせたり高ぶらせたりするという理論をわたしに語っていたことを、思いだした。

順調に回復していった。教授は、わたしに市の劇場の演出主任を紹介した。わたしはビーリ＝ベロツェルコフスキーの戯曲『左からの月』〔一九二八年〕を読むよう勧めた。ちょうど、作者はフランクフルトでの喜劇の初演に招待されているところだった。芝居は成功を収め、天井桟敷は作者の登壇を大声で要求しはじめた。ビーリ＝ベロツェルコフスキーは、ブーツに立て襟のシャツ〔ロシアの民族服のルバシカ〕といった出で立ちで舞台に登場した。新聞は警鐘を鳴らした――ドイツ文化の砦たる市営劇場にボリシェヴィキ！　と。数日後、ゴルトシュタイン教授が苦々しい表情で知らせてきたところによると、戯曲を擁護していた劇場文学部門主任が解雇された。

ようやく、待ちにまった日がやってきた。教授は、わたしはもうだいじょうぶと言い、スイスの療養所で治療をさらにしっかりとつづけるよう勧めた。スイス政府は、税を納めるとともに、ソヴィエト権力のための煽動活動をおこなわないとの保証があって初めて、ビザを発行する可能性があった。ゴルトシュタインは、ビザを得ようと奔走してくれた。もどってくると、かれは笑いどおしだった。

「やつらは一万五千スイス・フランを要求したよ！　残念ながら、そんな金額はとても持ちあわせてない」

教授は著名な人物だったが、金持ちとはとても言えなかった。その後〔一九三三年〕、クルト・ゴルトシュタインは、フリードリヒ・ヴォルフが書いた戯曲『マムロック教授』のモデルとなった。これをもとに、のちに映画『マムロック教授』〔一九三八年〕が撮られている。

14

再びモスクワ、トレチヤコフ、ブレヒト、ピスカートア、国際革命演劇同盟

場面は変わって、再びモスクワ。教育人民委員会映画部門で一年働いたあと、全ソ国立映画大学シナリオ学部に入学した。教授陣では、文学、ドラマトゥルギー、演出術の講義をおこなっていたミハイル・グリゴリエフ〔一八九〇—一九八〇〕、ノヴィツキー、ヴラジミル・フォリケンシテイン〔一八八三—一九七四〕が記憶に残っている。セルゲイ・エイゼンシテインにもならった。また、全ソ国立映画大学で文学関係の討論会や集会をよくおこなっていたセルゲイ・ミハイロヴィチ・トレチヤコフ〔一八九二—一九三九〕も、まえから知っていた。

トレチヤコフは、作品集『叙事的演劇』に収録されているブレヒトの戯曲を、ロシア語に訳した最初の人物である。トレチヤコフは、重要な出来事にはつねに熱烈に反応し、演劇や文学に少しなりと

も接点のある問題はひとつたりともやりすごさなかった。かれは、ポドモスコヴィエのコルホーズの組織者のひとりであり、その後ろ盾になり、コルホーズに食堂や託児所を開設するのを手伝っていた。このコルホーズで文学の夕べを催したり、図書館も設けた。一九三五年にモスクワにブレヒトがやってきたときには、現代の農村の暮らしぶりを説明している。歳月が流れ、詩のひとつでブレヒトはトレチヤコフを自分の師と呼んだ。(21)

トレチヤコフのところには、ブレヒトの『屠殺場の聖ヨハンナ』〔一九二九年〕を上演しようとしていたニコライ・オフロプコフ〔一九〇〇—一六七〕がよく顔をだしていた。トレチヤコフは、メイエルホリドやエイゼンシテインと親しかった。覚えているが、一九二六年にかれの戯曲『吠えろ、中国！』〔一九二四年〕をメイエルホリドが上演したとき、トレチヤコフは、演出に歓喜しただけでなく、中国の少年役を演じた女優マリヤ・ババノヴァ〔一九〇〇—一八三〕の演技にも有頂天だった。かれとオリガ夫人は、思いやりがあり、よく気がついた。モスクワでブレヒトの妻ヘレーネ・ヴァイゲルが重い病気にかかったとき、オリガは彼女を気づかい、面倒をみていた。

初めてブレヒトがモスクワを訪れたのは一九三二年である。〈カメルヌイ劇場〉では、タイーロフ演出でかれの『三文オペラ』が上演されていた。タイーロフは、なぜだかこれを（英語の源泉に合わせて）『乞食オペラ』と名づけた。たぶん、まだこれは適切だったろう。まずかったのは、かれがブレヒトのおそろしく辛らつな諷刺を、ミュージック・ホールのダンスのリズムで演じる芝居に変えたことだった。案の定、演出は失敗におわった。けれども、ブレヒトは寛大だった。なにしろ、タイーロフは『三文オペラ』を上演したソヴィエト連邦最初の演出家だったのである。「そのことが、いまはいちばん重要なことだ」とブレヒトは言った。

わたしは卒業論文を無事おえると、国立演劇芸術研究所《ギーチス》演劇学部の大学院にはいった。大学院では、のちに有名になる演劇人が数多く学んでおり、そのなかにはヴラジミル・ドゥージン〔一九〇九―八二〕、ナタリヤ・ドゥジンスカヤ〔一九一一―二〇〇三〕、グリゴリー・ボヤジエフ〔一九〇九―七四〕がいた。フランス演劇やイタリア演劇に関する講義はソヴィエト最高の演劇学者アレクセイ・ジヴェレゴフ〔一八七五―一九五二〕がおこない、ドイツ演劇史はステファン・モクリスキー〔一八九六―一九六〇〕が講じていた。

わたしには、演出学部の学生のゼミ指導が委ねられた。実習は、ヴァフタンゴフ劇場でおこなった。そこでは、当時、オスヴァルド・グラーズニエクス〔一八九一―一九四七〕が、ヴォルフの戯曲『フロリドスドルフ』〔一九三四年〕をリハーサルしていた。

この頃、国際労働者支援映画《メジラブポムフィルム》がエルヴィン・ピスカートアを招待し、アンナ・ゼーガース〔一九〇〇―八三〕の短篇小説『聖バルバラの漁民一揆』〔一九二八年〕のトーキー映画化をめざしていた。すでにベルリンで知り合いになっていたピスカートアは、わたしに助手兼通訳として働かないかと提案した。

映画は、ムルマンスクとオデッサで撮影された。撮影状況は芳しくなく、膨大な力と時間を要し、おまけに、わたしたちの生活の設備も整っていなかった。けれども、ピスカートアはつねに几帳面で、きれいに髭もそり、白いシャツを着ていた。あるとき、その点についてかれに聞いてみたことがある。

「イーペル〔ベルギーのこの地は第一次世界大戦の戦闘地〕近郊の不潔な塹壕でも、つとめて小ざっぱりしているようにしてたんだ」かれは答えた。

オデッサではかれは、ヴェーラ・ヤヌコヴァ〔一九〇四―三九〕、アレクセイ・ジーキー〔一八八九―一九五五〕、ドイツからきた俳優パウル・ヴェゲナー〔一八七四—一九四八〕とロッテ・レーニャ〔一八九八—一九八一〕を撮影した。レーニャは、『三文オペラ』の音楽を担当した有名な作曲家クルト・ヴァイルの妻である。

ヴェゲナーは、すばらしい俳優であるだけでなく、芸術のたいへんな崇拝者でもあった。かれは、中国彫刻、スラヴの古いイコン、年季のはいった陶磁器などの珍しい蒐集品を持っていた。それに、もうひとつの熱中対象もあった。玄人の料理人でもあって、ホテル「ロンドン」で夕食をとっているときなど、かれのまわりにはコックや愛好者の群れができたほどである。袖をまくりあげて、ヴェゲナーは、魔法をかけているかのように鉢や皿に向かっており、かれのもとには次から次へと新しいスパイス、灌、小瓶、海の匂いと混ざった香りのインドや中国の香辛料がはいった壺などが、運びこまれた。こうしたものすべてを使ってすばらしいオードブルをつくりだすのだが、このレシピは、オデッサのベテランコックですらだれひとり知る者はいなかった。

当時、わが国の映画産業の製作基盤は弱く、舞台道具の供給も遅れがちで撮影期限が守れずにいたが、ピスカートアは大量の不足品を注文しつづけていた。たとえば、殺された漁民の葬式の撮影のために、シルクハットと、高価なラシャの旧式の祭日用フロックコートを、百点も要求した。

漁村の舞台装置もピスカートアには不満で、撮影を開始しようとしなかった。そのようなとき、思いがけないことに、かれは旧友であるポスター画家ジョン・ハートフィールドと出会った。二人は、ノレンドルフプラッツの劇場でいっしょに働いていた頃からの付き合いだった。ハートフィールドは、トルクシブ鉄道〔タシケントとノヴォシビルスクをつなぐ鉄道〕からオデッサ経由でベルリンに帰るところで、オデッサにピスカートアがいることを知って、立ち寄ったのである。ところが、ピスカートアがあまりにも夢中にな

ピスカートア，年代不明

映画『漁民一揆』のポスター

って撮影のことを話すので、ハートフィールドはなにもかも忘れてしまい、半時間後には二人は見取り図やエスキースをならべて、映画の舞台装置面での解決のごくささいな点まで検討しはじめていた。

またたくまに一週間が過ぎ、次の一週間、また次の一週間が過ぎていった。ようやく、新しいエスキースが準備できた。そのとき、ピスカートアが、ハートフィールドに黒海の海岸で舞台装置の組み立てにとりかからないかと説得しはじめた。そして、ハートフィールドは再びオデッサにとどまった……あるとき、かれが電報を手に、とてもショックを受けた様子で駆けてきた。

「ぼくは破滅だ！　遅れてしまったよ！　契約期限をすっかり破ってしまった。三週間待ってくれていたが、違約金を払う当てがない。牢獄行きだ！　たった一時間の予定でやってきただけなのに……」

ハートフィールドがベルリンにたどりつくよりまえに、海辺は猛烈な嵐に見舞われ、岸辺に建てられていた漁村は洗い流されてしまった。ピスカートアは新しいのを建てはじめた。しかしそのとき、ヴェゲナーが、契約期限はおわり、それを延長することはできない、と言った。ドイツ人グループ全員を解放するほかなかった。シナリオのドイツ版をあきらめることにした。ロシア版はゲオルギー・グレベネル〔一八九二―一九五四〕が書きはじめたのだが、ピスカートアはひっきりなしに改作し、修正や補遺をもちこんだ。エピソードのひとつは、ユーリー・オレーシャが書いた。

映画は、最終的には、完成とあいなった。

『聖バルバラの漁民一揆』のあと、ピスカートアは、テオドール・プリーヴィエ〔一八九二―一九五五〕の小説

左からピスカートア，カロラ・ネーヤー，イェーリング，ブレヒト

『カイザーの苦力《クーリー》たち』〔一九三三年〕を脚色して映画を撮る予定だったが、準備作業が遅延していた。そのうえ、国際革命演劇同盟の議長に指名されたのである。このポストでの自分の活動を、ピスカートアは、文化関係の大物たち——ゴードン・クレイグ、アンリ・バルビュス〔一八七三—一九三五〕、レオン・シルレル〔一八八七—一九五四。ポーランドの演出家〕、エミル・ブリアン〔一九〇四—五九。チェコスロヴァキアの演出家〕、ベルトルト・ブレヒト、ヘレーネ・ヴァイゲル、レオン・ムシナック、ほか多くの者たち——との緊密な関係を確立することから開始した。

　ピスカートアは、せわしなくて倦むことを知らぬ、創意工夫に富んだ人間だった。世界をより美しいものにしようとめざしており、そこから、かれの楽観主義や、人間への不屈の信頼は出てきていた。演劇だけでなく、映画製作にも関心をいだいており、まさに映画産業全体の技術を改良しようとしていた。数多の障害を物ともせず、報告書を上級機関に送ったり、実現しがたいことも多いようなありとあらゆる提案を持ちこむのであった。
エルヴィン・ピスカートアは、壮大で、幻想に近いような考えや計画につねにとりつかれており、その大部分はついに実現を見ないままにおわるのだが、いっこうに懲りることなく、新機軸をうちだした。たとえば、ソ連に国際的な反ファシズム劇場を創設するという計画を思いつく。ピスカートアとライヒは、劇場はロシア語、ドイツ語、英語、フランス語で上演すべきと提案した。ドイツからやってきた反ファシズム俳優たちの参加が計画された。かれらはプロジェクトに進んで呼応してくれた。拠点には、演劇用の劇場がすでに活動していたエンゲリス市〔ロシア連邦サラトフ州に位置する都市。都市名はフリードリヒ・エンゲルスに由来〕が選ばれた。演出主任に指名されたのはピスカートアである。

かれは、ライヒに芸術部門代理になるようあらかじめ説得したうえで、期待に胸をふくらませてエンゲリスへと向かった。レパートリーが作成され、まさにいまシーズンがはじまろうというときになって、ピスカートアはパリに呼びだされた。かれは出発し、二度ともどってはこなかった〔国際革命演劇同盟代表としてパリに出張しているうちに、スターリンによる粛清が本格化してソ連にもどれなくなる〕。

ライヒは、かれの代理をつとめ、『十二夜』〔一六〇一ないし〇二年〕を含むシェイクスピアの何篇かの戯曲、さらにはヴォルフの『トロイの木馬』〔一九三五年〕も演出したが、ひどい発熱におそわれ、体力を消耗してしまい、モスクワにもどった。

エルヴィン・ピスカートアのその後の人生と創作活動は複雑なものとなった。かれは、メキシコ、そのあとアメリカ合衆国へと移り、ナチスに勝利したあとは長いことドイツ連邦共和国で招聘演出家として働くことになる。

ピスカートアは、六十歳を過ぎた頃、西ベルリンの〈フォルクスビューネ〉劇場の監督に選ばれた。不思議なめぐりあわせで、晩年になってかれは、自分の活動の出発点であり、かつて無礼にも追いだされた、まさにその劇場にもどってきたのであった。

モスクワでのブレヒトとの最後の出会いのとき、わたしはたずねた。

「で、エルヴィン・ピスカートアはドイツ連邦共和国でどういったことをやっているの？」

「心配することないよ、あちらでかれはきわめて必要で重要な仕事をやってるから」

一九六三年に、ピスカートアがロルフ・ホーホフート〔一九三一―二〇二〇〕の戯曲『神の代理人』〔一九六三年〕を改作し上演したとき、センセーションが起った。演出家と劇作家はローマ法王侮辱の罪に問われたのである。法王は戯曲の中で、第二次世界大戦時に強制収容所での大量虐殺に犯罪的にも寛容であったことと、ヒトラーの共犯者であることが、告発されていた。ピスカートアは脅迫され、匿名の手紙が送りつけられたりしたものの、屈しなかった。『神の代理人』のあとには、ハイナー・キップハルト〔一九二二―八二〕の『ロバート・オッペンハイマー事件』〔一九六四年〕、さらにはペーター・ヴァイス〔一九一六―八二〕の『追究』〔一九六三年〕その他がつづいた。

その精神において、ピスカートアは最期まで革命的芸術家でありつづけた。かれの才能は、戦い、自己の信念を固守しなければならないときにこそ、もっとも輝いた。

エルヴィン・ピスカートアは一九六六年に亡くなった。

この葬式でホーホフートは述べた。「……これほど厳しく、それと同時に陽気な顔を、もうこれから二度と見られないなんて。この大きな丸い瞳をのぞきこめないなんて、なんて残酷なことだろう。

この瞳は、アルベルト・アインシュタインの瞳とおなじく、いつも若々しかった。輝いており、かれの不穏な思いを表現していた……いかなる土塊《つちくれ》とて、ピスカートアがいたこと、そしていまもいることを隠せはしまい。このことを確信しつつ、この墓をあとにしようではないか……」

ホーホフートの弔辞の銘句はこうだった。

「われに近づく者は、火に近づく者なり」

*

一九三三年にはモスクワで、第一回世界革命演劇オリンピックが開催され、十五カ国の労働者アマチュア団体が集まった。

ドイツからのオリンピックの中心メンバーのなかには、ブレーデル、ベッヒャー、ライヒ、ピスカートア、ヴォルフ、グレータ・ローデ、ヴィルヘルム・ピーク〔一八七〇―一九六〇〕の息子の若きアルトゥール・ピーク〔一八九九―一九七〇〕がいて、演出家はベルトルト・ヘルト〔一八六八―一九三一。没年からするとラーツィスの記憶違い?〕だった。

ファシズムとの積極的な闘いの中で鍛えられ成熟したドイツ革命演劇の国際的影響は、オリンピックに参加したオランダ、ベルギー、フランス、チェコスロヴァキアなどの芝居に顕著にあらわれていた。たとえば、ドイツ演劇のお気に入りのジャンルである歴史軽演劇が、スイスのレビュー的軽演劇で利用されており、権力へのヒトラーの接近を助長した者たちの裏切りを暴いていた。オランダやベルギーの芝居では、ドイツ演劇の改作の跡とともに、判然と表現された民族的特徴も見られた。チェコスロヴァキアからきたドイツ人一座の作品は、新しい形式や、俳優たちの明瞭で的確な演技が目を引いた。

オリンピックがおわると、新聞雑誌には、革命的煽動宣伝《アジプロ》集団やヨーロッパのアマチュア劇場についての記事が次々と掲載された。

三〇年代初頭には、わたしは国際革命演劇同盟で精力的に活動するようになる。わたしたちは、演劇人や反ファシズム作家、とりわけヒトラーのドイツから亡命してきた者たちを支援していた。ソヴィエトの作家たちは、かれらに仕事や住居を探しだし、講演会などを計画した。だれひとりとして時間や労力を惜しむ者はいなかった。亡命者たちは、モスクワではわが家にいるかのような気分でいられた。出版社には、反ファシズム作家の作品を多くの言語で出版するセクションがつくられた。

国際革命演劇同盟理事会は、ペトロフスキー・パサージュの二階に位置し、いくつかの小さな部屋と小ホールを持っていた。一階ではにぎやかに商いがおこなわれている一方、上階の国際革命演劇同盟の部屋部屋では緊張した活動が進行していたのであった。ソヴィエトの演劇人や作家で国際革命演劇同盟の仕事に参加していたのは、アフィノゲノフ、グレボフ、ボリス・ポドリスキー〔一八九七―一九三八〕、その他である。方法論部門は、戯曲の普及にたずさわるとともに、毎週四か国語で『国際演劇』誌を発行しており、演劇やドラマトゥルギー、音楽、バレエ、美学などに関する論考を掲載していた。外国の演劇人との文通も活発だった。

国際革命演劇同盟の小さなホールでは、エルンスト・ブッシュがコンサートをおこなった。わたしはこのコンサートやかれの別の上演にも通ったものである。ブッシュは、ありふれた黒いシャツをズボンの中に差しいれ、革のベルトを締めていた。観客は、嵐のようなスタンディングオベーションで大声をあげ、通路は押し合い圧し合いで、歌手を帰らせなかった。客席には、ドイツからの亡命者やほかの国々の人たちがたくさんいた。

かなりのちになっての一九六八年、ライヒとわたしは、ベルリンのいわゆる「ブレヒト＝対話」に招待された。ブレヒト生誕七〇周年の祝いである。そこでブッシュに会ったのが最後の機会だった。かれの運命に降りかかったつらい体験にもかかわらず〔スペイン内戦で国際旅団に参加したが、スペイン共和国がフランコ将軍の手に落ちたあと抑留され、一九四五年まで収容所に監禁された〕、ブッシュはちっとも変わっておらず、声も保っていた。

エルヴィン・ピスカートアが国際革命演劇同盟議長としてモスクワの劇場を見てまわることになり、わたしは通訳として付き添った。いつだったか、ボリショイ劇場にいったときのことである。エルヴィンは第一場がおわると、席を立って外に出てしまった。

「舞台上で歌手たちがじっと立ったままで、指揮棒から眼を離そうとしないのを見ていられない。オペラは廃れた。再組織するか、完全に閉鎖すべきだ！」

その頃は、反ファシズム派のドイツ人の多くがそのような立場だった。ベッヒャー、ブレーデル、ブレヒト、ヴォルフ、アレクサンダー・グラナック〔一八九三―一九四五。俳優〕。

「そうはいっても音楽なんだから！　ピスカートアともあろうものが音楽を気に入らないなんてありえないんじゃない？」「音楽はすばらしい。しかし舞台上で起こっていることは、音楽を聴くじゃまになってるだけだよ。新しい芸術は新しい形式と切り離せない。新しい形式の中で新しい芸術を提供しなきゃいけないのに、オペラには新しいものがなにひとつない」

国際革命演劇同盟は、イギリスの演出家ゴードン・クレイグをソ連邦に招待した。かれは、〈ユダヤ劇場〉で、ソロモン・ミホエルス〔一八八〇―一九四八〕が主役をつとめた『リア王』を観た。芝居のあとでクレイグは言った。

「これほど美しくて表現力豊かなものは、一度も観たことがなかった。衝撃的だ！」

ナチス・ドイツからフリードリヒ・ヴォルフが亡命してきた。かれとはすでにベルリンで知り合いになっていた――かれが演出した戯曲『犬の縦隊』〔一九二六年〕を観ていたのである。かれは、生活においても創作においても熱烈なコミュニストだった。ファシストが権力をにぎったあとですら、かれはアジプロ・グループ「南西遊戯団」の指揮をつづけていた。逮捕をまぬかれ、リュックを背に国境を越えて、モスクワにたどりついたのだ、という。

ヴォルフは、スポーツに熱中しており（シナリオ『太陽、空気、水』を書いたほどである）、つねにスポーツ的な身なりをしていた。短いズボンとウールのソックスを愛用しており、糊のきいた襟や帽子などは絶対に身に着けない。毎朝体操を欠かさず、ボートにも夢中で、泳ぎも華麗だった。歩くのが好きで、何時間でも旧アルバート街の横丁をぶらつくことができた。

モスクワではヴォルフはさまざまな出来事の中心にあらわれ、反ファシズム集会で発言し、論考を書いていた。ロシア語に訳されたかれの戯曲『カッタロの水兵』〔一九三〇年〕と『フロリドスドルフ』が、いくつもの劇場で上演されていた。社会評論的な戯曲『カッタロの水兵』では、権力の粗野な専横、農民暴動にたいする過酷な弾圧が暴かれている。作者は、ドキュメンタリー資料や即興劇、アジプロ劇の戦闘的精神で書かれたソングなどを広範に利用していた。

ナチス・ドイツにおける自由ドイツ青年団員たちの地下活動をテーマにしたヴォルフの戯曲『トロイの木馬』にもとづき、ライヒとヴォルフは、アレクサンドル・ラズムヌイ監督〔一八九一—一九七二〕が製作した映画『続きはまだある』のシナリオを書いた。

この仕事の印税で、共著者たちはペレデルキノ〔モスクワ市の南西にある別荘地〕に一軒の別荘を建てた。すてきな二階建ての家は白樺林に囲まれていた。一階は三部屋、二階は二部屋だった。わたしは、残念ながら、そこで暮らす機会がなかったが、ライヒとダーガは二夏過ごした。そのあとには、ベークとリジャ・トーム、ヴォルフとその家族が暮らした。

フリードリヒの妻エルザは、優秀な秘書兼タイピストとしてかれを助けていた。かれの仕事をきちんと管理し、家事をみごとにこなし、つくる料理も抜群においしい。ヴォルフ家はベジタリアンで、わたしは、エルザが甘いタマネギにちょっと変わったソースを加えてつくる料理や、果物と練り粉をもとにしたデザートが大好きだった。ヴォルフ夫妻の息子たち二人——生真面目で思慮深いミーシャと、やさしくて抒情的な気分のコンラート——は、いつもベジタリアン的な食事療法を守っていたわけではない。わたしがこっそりソーセージをあげたりしていたのである。

モスクワ市内のヴォルフ家の二部屋のアパートは、調度も簡素だった。いかなる贅沢も認めていなかった。

ヴォルフは生来積極的な人間であり、議論や、演劇関係の戦いや論争に飢えていた。また、たいへんな旅行愛好家でもあった。年に一度、エンゲリス市のヴォルガ川岸の国際劇場に出かけていた。その劇場のために、ロペ・デ・ベガの芝居『羊の泉』〔一六一九年〕を改作し、『ロレンシア』と改題している。

かれはアメリカをも訪れている。さらには、スペインに事件が勃発したとき、手に銃をとった各国の反ファシズム主義者たちのなかにフリードリヒ・ヴォルフもいた。マドリッドに出発のまえに、かれはわたしたちに別れを告げにきた。それがわたしたちの最後の出会いだった。[22]

＊

わたしとライヒは、旧アルバート地区のスタロコニュシェンヌイ横丁――当時としては快適な二つの部屋でバルコニー付き――に住んでおり、ドイツからやってきた皆は、かならずわたしたちのところにやってきた。ここで、新しい新聞、雑誌が読まれ、スペインでの事件を初めとして、世界で起こっていたすべてのことが議論されていた。ベルトルト・ブレヒトやピスカートア、ヴィリー・ブレーデル、ファシズム・ドイツから逃亡してきたザルカ・マーテー〔一八九六―一九三七〕も、やってきた。

このハンガリーの作家ザルカはすぐかっかするところがあったが、人柄はよく、美食家で、かれを見ていると、おなじハンガリーの作家イレース・ベーラ〔一八九五―一九七四〕がわたしたちに語った武勇伝が信じがたかった。ましてや、まもなくザルカが将軍、スペインの伝説の英雄となるだろうなど、もはや想像の域をまったく越えていた。[23] わが家には、ルベーン・シモノフ〔一八九九―一九六八。俳優〕も、ミハイル・コリツォフ〔一八九八―一九四二。ルポルタージュ作家〕も、マクス・ヘルツ〔一八八九―一九三三。ドイツの革命家〕も、ヴィリス・クノリンもやってきたが、思うに、とりわけ満足してくれたのは、アルトゥール・ピークと、亡命前はドイツのアマチュア劇場で働いていたグレータ・ローデだろう。どこまでも心やさしいひと、クン・ベーラ〔一八八六―

〔一九三九〕も、ときおり立ち寄った。戦争がはじまったとき、モスクワからタシケントへと赴くコミンテルン梯団にクン、ベッヒャー、ロシアの作家ヴァシリー・ヤーン〔一八七四―一九五四〕、ライヒがいた。何年も経ったあとに聞いたのだが、クン・ベーラは、自分のわずかな備蓄を道連れ全員と分かち合っていたのである。

わたしたちはこぞってマクス・ヘルツを愛していた。テューリンゲンで蜂起した労働者〔一九二〇年代初頭〕の元リーダーというかれの名誉は、大きかった。集会や会合でかれは議長団に選ばれており、かれの名がソヴィエト連邦で工場や通り、学校に付けられていた。小柄で、堅強な体格のかれは、つねに張りつめた弓さながらであり、論争し、反論し、祖国に帰って地下でファシストと闘うことを熱望していた。

*

一九三三年、わたしはアントリー・ヴァシリエヴィチ・ルナチャルスキーと近づきになる幸運に恵まれた。

わたしは、自分が刊行しようとしている『ドイツの革命演劇』の序文を、どうしてもかれにお願いしたかった。ルナチャルスキーの秘書は面談の正確な時間を指定したが、わたしが着いてみると、秘書は、ルナチャルスキーは時間がかかっていて、申し訳ないが十分待ってほしいとのことです、と言った。

ちょうど十分待った——ルナチャルスキーは時間に正確だった。かれは原稿にざっと目を通すと、序文を三カ月以内に書くと約束してくれた。けれどもわたしはできるだけ早く出版しようと急いでいたため、結局、著書はルナチャルスキーの序文がないまま世に出た。

その当時、『プロレタリア革命』という雑誌が刊行されており、そこに、ときおりわたしの論考が掲載されていた。いつだったか、ルナチャルスキーがわたしのルポ「ドイツ知識人の分化」を事前審査することになった。「本論考は討論に供されるべきである。掲載可。A・ルナチャルスキー」とかれは隅に記した。論考は掲載とあいなった。

22(24) 〈スカトゥヴェ〉劇場

あるとき、党中央委員会に呼ばれた。

「重要なお願いがあります。ラトヴィア人劇場〈スカトゥヴェ（舞台）〉の強化に力を貸していただきたいのです」

当時のわたしは、家族のことや、国際革命演劇同盟の仕事、国立演劇芸術研究所大学院での学習と大忙しだったにもかかわらず、断ることができなかった。

〈スカトゥヴェ〉の芸術主任で、ヴァフタンゴフ劇場の俳優グラーズニエクスは、才能がないわけではなく、いくつかの役柄、とりわけ意志の強い役柄をとてもみごとに演じていた。

わたしは、この劇場で活動を開始するにあたり、〈迫害される劇団〉のような政治演劇の伝統を継承することに決めた。モスクワで初めて上演中のヴォルフの反ファシズム劇『農民ベッツ』に注目した。当初は、この芝居ではソングもとりいれられていたのである。(25)

当時は、モスクワのどの劇場でもソング劇はまだ演じられていなかった――俳優たちからすれば、舞台進行を歌で中断するなど認めがたかったのである。わたしは、上演スタイル（二層の舞台装置、観客との直接的交流、各シーンでの特別なリズムの堅持）にも同意しなかった団員たちとの戦いに、勝たねばならなかった。演出家カールリス・クルーミンシュ〔一八九七―一九三八〕と文学部門主任エミールス・フロス〔一九〇四―一九四三〕が、わたしを支持してくれた。フロスはこの戯曲をドイツ語からみごとに翻訳しており、とりわけソングの訳は抜群だった。また、みずからもひとつソングをつくり、ヴォルフに称賛された（フロスはブレヒトの時事的作品『まる頭ととんがり頭』をあざやかにロシア語に訳しており、それもわたしはレパートリーにふくめた）。

わたしはまちがっていなかった。観客は、芝居に好感をいだき、不慣れな形式にもとまどわなかった。『プラヴダ』紙には、『農民ベッツ』の上演にたいして肯定的な評価があらわれた（批評は一九三五年にピスカートアが書いた）。主役をみごとに演じたのは、ヤーニス・バルタウス〔一八九四―一九三八〕である。昔は靴職人だったかれは、大いに勉学に励み、一人前の俳優になったのであった。

あるとき、リハーサルにライヒ、ヴォルフ、ピスカートア、それにドイツのコミュニストの新聞『ローテ・ファーネ〔赤旗〕』の編集者のひとりがやってきた。かれらは、ソングの実演に心地よい驚きを覚えていた。

この芝居には、表現力が問われるシーンがあった。監房の逮捕されたベッツのところに、監獄医がやってくるシーンである。囚人に麻酔をかけるために医者は注射をする。ファシズム・ドイツに典型的なやり方である。

わたしたちは大きな注射器をつくったが、リハーサルではこのエピソードはうまくいかなかった。突然、客席のだれかが舞台に跳びあがり、ベッツを前舞台に引きずりだして、腕に注射器を刺した。それはピスカートアだった。かれの演出家魂が己を制御できなかったのだ。シーンは成功した。

その後、わたしはビーリ＝ベロツェルコフスキーの『生活は呼んでいる』〔一九三四年〕を、やはりバルタウスの参加を得て上演した。かれは、果敢な船乗りで、内戦の英雄であるニキーチン役を演じた。戦争はおわり、時代は同時代人から別種の偉業を求めているという設定である。戯曲には次のようなシーンがある——ニキーチンは、本棚のまえに立っており、自問する。「ほんとうにこんなにたくさんの本を読む必要があるのか？」。このエピソードでのバルタウスの演技を、いまもくっきりと覚えている。かれの顔の表情がしだいに変わっていき、途方にくれていく……ビーリは、当時の現実の特徴をとても的確にとらえていた。つい最近まで前線で果敢に戦っていた人間にとって、平和な生活に慣れるのは簡単ではなかったのである。

最後にわたしがバルタウスと仕事をしたのは、ルードルフス・ブラウマニス〔一八六三—一九〇八〕の戯曲『火の中』〔一九〇五年〕だった。はじめのうち、バルタウスは主役エドガルスの役柄を単純化して受けとめ、かっとなりやすい情熱的な人間を演じようとしていたが、やがては役柄にいっそう深くはいりこみ、主人公の内面世界の多様性を伝えるようになっていった。クリスティナを演じたのはマリヤ・レイコで、彼女はモスクワにやってきて、ここに永住することになる。レイコは、バルタウスは感受性が強く、思いやりのあるパートナーで、いっしょに仕事がしやすい、とよく話していた。

一九三五年には、ロシア・ソヴィエト連邦社会主義共和国の教育人民委員会芸術部門から、〈西部地方ラトヴィア・コルホーズ劇場〉の芸術主任の任務を提示された。劇場の拠点はスモレンスクである〔スモレンスクには、ラトヴィア人が十九世紀末より多く住んでおり（一九二六年時点で一万八千人）、主に農業に携わっていた〕。けれども、わたしにはモスクワでの多くの仕事と義務があり、この件を断った。

「しかし、スモレンスクに居つく必要はないんですよ」と言われた。「シーズンごとのレパートリーを作成し、助手を任命しておいて、自分の演出構想を説明するためにときおり訪れるだけでいいのです。もちろん、総稽古にはきていただきますが」

同意せざるをえなかった。助手にはユリウス・ダウマンツを指名した。この劇場ではわたしは、『トロイの木馬』、『生活は呼んでいる』と、アンドレイス・ウピーツの喜劇『エシカス・ジンヂスの勝利』〔一九三三年〕を上演した。ダウマンツが、ラトヴィアの民衆の歴史歌謡や世態歌謡を創作した。

劇団は、西部地方全体に分散しているラトヴィア人のコルホーズを巡業していった。わたしたちは歓迎され、涙を浮かべながら見送ってもらったことも少なくない。芝居のあとにはたくさんの花を頂戴した。劇団の中でわたしがいちばん評価していたのは、女優のリディヤ・ブリゴ〔一九一四―一九三八〕である。彼女は主役を演じ、歌もすばらしかった。

〈スカトゥヴェ〉劇場におけるロベルツ・エイデマニス〔一八九五―一九三七〕の『狼たち』の初演の日、思いもかけずリナルツ・ライツェンスに出会った。かれとは、一九二三年のかれの逮捕前夜、スィグルダでの悲しい別れの日以来、会ってなかった。この間に、かれは幾度かモスクワにきていたのだが。

一九二七年には、ライツェンスは十月革命十周年の祝いにやってきて、ルナチャルスキー主催の会議に参加していた。この会議では、国際プロレタリア作家ビューローが創設された。この組織はのちに改変され、国際革命作家同盟となる。一九三二年以降、ライツェンスはモスクワに常駐して、国内の文学活動に積極的に加わっていた。

わたしたちの話ははずんだ。リナルツは、ラトヴィアのフォークロアを脚色し、〈スカトゥヴェ〉で上演することを提案した。

わたしは同意し、わたしたちはラトヴィアの民話「お利口アンシスと悪魔」の舞台化に取り組み、そこにクリシヤーニス・バロンス蒐集の民話をふくめることに決めた。けれども、この企画を完成させることはできなかった。不意にリナルツがかき消えたのである〔一九三七年六月二日に反ソヴィエト活動の廉で逮捕され、その年の八月三日に銃殺された〕。やがて、〈ラトヴィア・コルホーズ劇場〉も閉鎖された(26)。

一九三七年が訪れた。わたしとライヒは、長きにわたって別居することになった。十年間にわたり、わたしはカザフスタンでクラブのアマチュア活動を指導した(27)。

ベルンハルトは、ダーガとともにモスクワに残った。一九四〇年にラトヴィアがソヴィエト・ラトヴィア共和国になったとき、ユーリース・ラーツィスはソヴィエト・ラトヴィア共和国教育人民委員に任命され、娘を自分のもとに呼び寄せた。ライヒは手紙で、このことをとても控えめに知らせてきた。「ダーガはリーガに行った」と。

第二次世界大戦がはじまった。最初の数カ月、ライヒは多くの首都住民と同様、都市防衛に参加していた。敵機襲来のときには屋上で警備をした。

ドイツ軍がモスクワに迫ってくると、ライヒはタシケントに疎開した。当地でかれは戯曲を書きはじめ、リハーサルにもとりかかったのだが、逮捕されてしまう。のちに判明したところでは、虚偽の中傷にもとづくものだった。戯曲も消滅してしまった。

……けれども、こうしたことすべてを知ったのは、のちになってのことである。一九四一年夏以来、ライヒと音信不通になってしまっていた。(28)

15

ヴァルミエラ劇場、ライヒ

一九四八年一月、わたしは、〈カラガンダ・ロシア・ドラマ劇場〉の演出家の仕事を紹介された。けれどもそこで働いた期間は短かった。思いもかけず、リーガのダーガから手紙が届いたのである。自分のところへくるよう、呼びかけていた。

春になり、演劇シーズンも終わりを迎えつつあった頃、三カ月の休暇をもらった。ためらいと不安をかかえながらの旅だった。ライヒの運命についてなにひとつ知らなかったのである。また、耳にしていたところでは、ユーリース・ラーツィスはもう亡くなっており〔一九四一年一月八日に反ソ的煽動活動の廉で逮捕され、同年十二月十五日にアストラハン監獄で死亡〕、娘は結婚し、わたしには二人の孫娘――グンタとマーラ――がいるとのことだった。モスクワに住んでいた旧友リジヤ・トームにも会いたかった。彼女と連絡をとったところ、彼女は至急エストニアに出かけるとのことで、モスクワにはいなくなることがわかった。けれども、約束した場所に鍵を残しておくとのことだった。

わたしはモスクワにやってきて、鍵を見つけ、中にはいった。寝室のソファには「アーシャに」と書いた紙包みがおかれていた。スカート、白いカーディガン、ベレー帽。涙があふれでて止まらなかった……

リーガでは、ますます孤独感に苛まれた。娘と孫たちがいっしょにいてくれるというのに。

カラガンダ〔現カザフスタン共和国の都市〕へもどる前夜、わたしは、思いにふけりながら街をぶらぶら歩いていた。いきなり、行く手を背の高い男性がはばんだ。

「アンナ・ラーツィスでしょうか？」

「はい」

眼の前に立っていたのはアンドレイス・ウピーツだった。

「生きていたんですね？」

「ごらんのとおり」わたしは寂しげにほほえんだ。「まもなくカラガンダにいって、演出家として働く予定です」

「それはないんじゃないでしょうか！」かれは抗議した。「演出家を必要としているのは、まさにわたしたちなんですよ。明日にでもわたしの別荘にきてください」

こうして、わたしはユールマラ市に出かけた。ウピーツは一枚の白紙を差しだした。

「おかけになって、申請書を書いてください。ラトヴィアにとどまって働きたい、と」反論はまかりならんといった勢いだった。

「とんでもない！　わたしはカラガンダで働くと約束したんです。それに、もう現地で働いているんです」

ウピーツは懸命に引き留めにかかり、結局、わたしのほうが折れた。

わたしは、演出家として〈ヴァルミエラ劇場〉に派遣されることになった。芸術事業管理局で状況の詳細な説明を受けた。当時、かなり雑多なメンバーからなる小さな劇団が活動していたが、俳優のなかには、主として若者だが、アマチュア劇団や演劇スタジオの出身者がいて、知識や経験が不足していた。

「ヴァルミエラ〔リーガから北東に一〇〇キロ〕にいってもらって、真にプロフェッショナルな劇場をつくっていただきたい。出来のよい芝居はリーガでも上演しましょう」と言われた。

おそらく、まさにこのような複雑な状況こそ、わたしの好みに合っていたのだろう。ありったけの力を絞りだし、最大の成果が得られるようにしなければならなかった。いつも自問していた問題——なんのためにわたしは働くのか？——にたいして、明快な答えがすんなりと出てきた——政治面で遅れている人びとですらも、可能なかぎり短い期間内に、国を念頭において思考できるようになり、戦争で破壊された社会主義ラトヴィアの復興に全力で加わるようになる、ということである。

かくして、わたしはヴァルミエラにやってきた。わたしが働くことになっている劇場は、あまり魅力的には見えなかった。玄関ホールから客席にはいってみると、席は四百である。その代わり、広い舞台はさまざまに使えそうだった。

小さなヴァルミエラ市では、常設劇場が存在するのはむずかしかった。観劇にくるひとがあまりにも少なかったのである。したがって、わたしたちの劇場は最初から巡回劇場にした。市中そのものでは月に数回しか上演せず、コルホーズのクラブや文化会館によく客演した。まもなく明らかになったのだが、コルホーズ員や農村の知識人の生活では演劇が特別な位置を占めており、かれらにとっての学校となっていた。あたかも、現実の延長のようなものになっていたのである。わたしたちのまえには、観客を政治面で啓蒙するとともに、芸術面で発達を図り、教育するという、広範で実り多い活動の場が開かれたのであった。ここではわたしは水を得た魚のようだった。

ヴァルミエラにやってきたとき、わたしは創造面で円熟段階にきていた。演劇というものは人びとに教えるべきであると考えていた――思考し、生活に積極的に介入し、世界改造を手助けすることを。わたしは、作者の市民としての立ち位置を明らかにするさいに、政治演劇の持つ溌剌たる精神と党派的傾向性は見失わないよう務めた。単純かつ明敏な演劇的解決を見いだそうとした。つまるところ、社会的状況によって、主人公たちの志向やかれらの勝利と敗北は規定されているのだから。

舞台は大学や社会的演壇となるべきである。すなわち、まず第一に、観客のことを考えなければならない。なにしろ、観客のためにこそ、わたしたちは働いているのである。したがって、レパートリーを作成するときにも、わたしたちは戯曲――コミュニズム的理念の精神で観客を育むのを助けるもの――を丹念に選びだし、民衆の意向を反映した。最重要課題は、観客の知的レベルと美的レベルを高めることにあった。そうすることにより、人びとは、劇場から出たあと、芝居が気に入ったか否かを語るにとどまらず、なぜ気に入ったのか、なにが受け入れられないのか理解できるし、自分の観点を根拠づけられるようになるであろう。
けれども、こうした課題を演劇が果たせるのは、それが俳優各自の課題でもあった場合だけである。俳優こそが、作者と演出家の構想を舞台上で具体化することができる。俳優こそが、超目標――役柄を介してわたしたちの夢や疑念、考えを反映する、すなわちコミュニズム的社会の建設者たちの育成に積極的に参加する――を解決するのである。俳優は、作者の考えを観客に届ける能力を必要としている。そのためには、才能だけでは不十分である。自分の視野をたえず広げ、確固たる思想的立場に位置し、プロとしての技量をみがかねばならない。大衆の教育者と呼ばれる資格を有するには、勉強が欠かせない。

かくして、わたしは学習から開始した。当初はうまくいかなかった。要求のなかには、俳優からすれば法外に思われるものもあった。かれらは、観客が劇場にくるのは泣いたり笑ったりするためであり、演劇の主たる目的は観客に体験させることであって考えることなどではない、と考えていた。

けれども、わたしたちのところには、学びたがっている俳優たちもいた。マリヤ・アダモヴァ〔一九二四―二〇一二〕、Z・デクシニャ、A・サルドゥマ、あとから〈エルガヴァス劇場〉からやってきたヴィルマ・リエピニャ〔一九〇八―八二〕である。まさにかれらこそが、わたしの企図を支持し、わたしの同志となってくれた。さらには、「声なき大多数」もまた、わたしの希求に共感し、リハーサルを支えてくれた。

繊細な美的感覚を持ちあわせた舞台装飾家A・プンカには大いに助けられた。かれは、中学校で絵画の教師としても働いており、芸術史に通じていた。ロシアのエリマル・グリーン〔一九〇九―九九〕の中編小説『南からの風』〔一九四九年〕を脚色した同名の芝居のための舞台装置がつくられたときの様子を、よく覚えている。舞台装置にさかれた資金はごくわずかであり、わたしとプンカは劇場の中庭やごみだらけの隅っこを這いずりまわりながら、不要になって放りだされた古い舞台装置や板、パネルなどを探しだした。こうしたがらくたから、プンカは奇蹟を生みだした。定期リハーサルのさい、灰色のばかでかい丸石や岩壁が突然あらわれ、水平線に松林が生えたのである。

劇場に献身的だった衣裳係グベナにも心より感謝している。彼女は、スタジオで一心不乱に仕事にはげむだけでなく、洗濯をし、アイロンをかけ、古い衣裳を縫いなおしていた。照明係エグリーティスには、きわめて困難な状況からの出口を発見する能力があり、俳優が足りないときなど、エピソード的な役柄を演じたり、群衆シーンや騒々しい楽隊に加わったりして救ってくれた。

わたしは、最初の上演に、アンナ・ブロデレ〔一九一〇—八一〕の戯曲『ストラウメ先生』〔一九四八年〕を選んだ。それは時代が切実に必要としているものだった。作者は非政治性、局外中立の立場に猛反対であった。

この戯曲は喫緊の課題に応えようとしていた。それもあってか、俳優たちのあいだでも意見の相違が生じていた。芝居は絶対に失敗するだろう、なんとなれば観客が劇場にくるのは日常性から免れるためだからである、と考える者たちがいた。わたしは、反対者たちを説得し、なんとか上演にこぎつけることができた。

芝居終演後の議論の最中に、若い女性コルホーズ員がいきなり席から起ちあがったかと思うと、重い長靴を脱ぎ捨て、靴下だけになって客席を横切り、演壇に駆けのぼった。わたしは賛辞を聞き、うれしかった。彼女は芝居を完ぺきに理解し、熱烈に支持してくれたのである。

次の上演には、もうひとつの政治的作品、エリマル・グリーンの小説をもとにした戯曲『南からの風』を選んだ。

この戯曲には興味深いシーンがあった。エイナリが戦場につれていかれ、かれの妻と二人の子どもは、日がまったく差さない岩のあいだに隠れて暮らしているというシーンである。わたしは、地方色をだすために、俳優のひとりに、フルートでフィンランド民謡を奏でるよう頼んだ。かくして、行方しれずの連れ合いが戦場から帰るのを妻が待ちかねているときに、牧童の笛の音が鳴りわたり、子どもたちや母の顔が輝いた。民謡のおかげで舞台に抒情的な気分が漂った。

小説からは、戯曲のためにもうひとつのシーンも借用した。エイナリの息子が岩の上に這いのぼろうとしており、弟がたずねる。

「なぜ、そこへ這いのぼってるの」

「お日さまが見たいんだ」少年は答えた。

このせりふは、観客をとても不安にさせた。

しかしまさにそのとき、エイナリが戦場からもどってくる。屋根にのぼって、風見鶏を打ち付けている。遠景には小川と橋が見える。エイナリには見えている——主人で金持ちのクルキミャキがエイナリの家のほうに向かっており、丸々と太ったその足元で橋がきしんでいる。主人は、転落しまいか心配で、朽ちた橋の上でこわごわバランスをとっていた——。村中で恐れられている主人のこのような滑稽な様子を見ると、エイナリは初めてあけっぴろげに主人を笑うのだった。民衆は目のまえで主人を滑稽なものにするならば、主人を恐がらなくなる、というエンゲルスの言葉が記憶にあり、わたしはこのシーンを強調した。あるいはまたもうひとつのシーンもある。すなわち、エイナリの弟ヴィルホがファシストの頬に一発くらわせると、ファシストは荷馬車のうしろに倒れこみ、そのあと、はずれた金歯を探して這いまわる。

こうしたシーンは辛らつだった。部分的には軽演劇的な手段で解決されていた――観客をどっと笑わせる必要があったのである。

芝居が進行するにつれて、エイナリは全能の主人への信仰から解放されていく。そして、そのことの自覚が、かれの心の中に感情の激発を生みだす。かれは、山の上から石を投げはじめ、落下する石の轟音が長いこと聞こえる、まるで、もはや抑えがたくなった巨大な力のようなものが解き放たれたかのように。このエピソードは芝居の全体を象徴していた。

まもなくして、リーガで現代ソヴィエト戯曲の上演を競いあうコンクールが開催されるとの知らせがあった。レパートリーや舞台装置を更新して新たに俳優を募集する劇団もあった。わたしたちの劇場は、すでにやったグリーンの『南からの風』を引っ提げて審査に出かけた。

芝居は〈ライニス芸術劇場〉で披露された。上演の間、わたしは一列目で、モスクワの委員会からそう離れていない席にすわっていた。〈モスクワ芸術座〉の演出家ニコライ・ゴルチャコフ〔一八九八―一九五八〕と演劇学者ニコライ・チュシキン〔一九〇六―七七〕、それに第一レパートリー委員会議長である。芝居は不慣れな舞台で上演された。うまくいったのは一回のリハーサルだけであり、おまけに芝居の全体ではなかった。〈ヴァルミエラ劇場〉では舞台照明機器は三台だったのだが、ここには山ほどあり、照明係は複雑な装置をものにしておらず、ボタンやハンドルを取りちがえた。

飛んでくる飛行機の音のあとで、労働者役の俳優が「戦争だ！　戦争だ！」と叫ぶシーンが予定されていた。

ところが、飛行機の音が出ない。水を打ったように静まりかえってしまった。俳優たちは、せりふを言う瞬間をひたすら待ちながら、「役柄から脱落しかけていた」。観客も沈黙したままである。わたしは恐怖のあまり硬直し、幕をおろそうとした。しかしそのとき突然、舞台上に俳優ブリヴマニスが駆け出てきて叫んだ。「戦争だ！　戦争がはじまったんだ！」

芝居はつづいた。けれども、このとき別の災難が起こった。いきなり、舞台装置の左半分がまともに俳優に倒れかかり、やっとのことで支えもったのである。

わたしは覚悟した。「万事休す」と。

審議がはじまり、わたしたちの劇団も呼ばれた。

最初にゴルチャコフが発言した。

「芝居ではネミロヴィチ＝ダンチェンコの基本的要求が満たされていました」かれはそう言って、具体例を列挙した。印象的なフィンランド的色彩、かれいわく「みごとに独創的に」組織だった演技、その他数々について言及した。

「この上演ゆえに、われわれは演出家アンナ・ラーツィスに感謝しなければならない」と締めくくった。

かれの見解を委員会のほかのメンバーも支持した。そして、ゴルチャコフは小声で付け加えた。

「アンナ・エルネストヴナ、われわれが支障に気づかなかったとは思わないでいただきたい。しかしそれらは、われわれが芝居の構想を理解し、俳優の演技を評価する妨げにはならなかった。この舞台でしかるべくリハーサルすることができなかったことも、承知しています」

その後、わたしたちのもとへさらに二つの委員会がやってきて、わたしたちは『南からの風』を、今度はヴェルミエラの舞台で披露した。のびやかに活動できるようになり、実力に自信が生まれ、権威も増してきた。

古典的な芝居では、現代に共鳴している状況を照らしだし強調するようめざした。この関連で思いだされるのは、アンドレイス・ウピーツの戯曲『エシカス・ジンヂスの勝利』に取り組んだときの作業である。ブルジョア・ラトヴィアでこの喜劇は上演されていたが、政治的モティーフが巧みにぼかされていた。

戯曲には次のようなエピソードがある。ブルジョア新聞の記者が、農民エシカスに競馬に参加するよう説得する。なにがなんでも勝とうとするあまり、エシカスは一頭しかいない自分の老いた駄馬を駆りたて、死なせてしまう。その代わり、メダルと賞状を受けとる。

もうひとつのエピソード。エシカスの妹オッティリア（この役はヴィルマ・リエピニャがあざやかに演じた）は、困窮状態から脱けだそうと、手を休めるまもなく働いている。彼女が裕福な隣人クルーゲについて語りながら、赤いレンガに被われたかれの家に見惚れているとき、彼女の声からは期待と嫉妬が聞こえてくる。彼女の夢はかなえられるかもしれない。元は日雇い農夫で、いまは沼の多い痩せ地の持ち主であるエシカスがクルーゲの娘に心を惹かれ、クルーゲは、ただで二人の働き手が手にはいることを当てこんで、結婚に同意をあたえる。

豪勢な結婚式。客のなかにはオッティリアもいて、その夢はついに実現する。

このような結末を受け入れることは、わたしにはできなかった。

「オッティリアの夢はたしかに実現しました。でも実際のところ、クルーゲは貧しい農民を小馬鹿にしています。かれは貧農たちの土地を組み入れて、働かせようとしているだけです」

ウピーツは否定しなかった。

「そのとおり。しかしブルジョア・ラトヴィアの時代には、検閲の防柵をすりぬけたごくわずかの批判だけでも成功だったことを、考慮してほしい。明日、新しいフィナーレを用意しておきます」

締めくくりのエピソードは新たな響きに代わっていた。新郎新婦が席についており、客人たちが「苦いぞ〔キスをしろ〕」と叫ぶが、金持ちの女主は、にこにこしている幸せそうなオッティリアに気づいて、怒り狂う。

「ここから出ていけ！」彼女は拳固でテーブルをたたく。「皿を洗いにいきなさい！」

期待を裏切られたオッティリアは、ひとりさみしくベンチに腰かけ、さめざめと泣いている。

わたしたちの劇団は小規模だったため、群衆シーンのある戯曲を上演する場合は、照明係も労働者も演出助手も出演しなければならず、あるときなどは劇団監督まで出演した。

ライニスの戯曲『愛は死より強し』〔一九二七年〕では、照明と舞台装置の助けを借りて群衆を表現することができた。前方には俳優たちの数列が立ち並び、その後方にはいくつもの頭が描かれており、俳優たちのすぐうしろにはていねいに顔を描いたものをおき、いちばん遠くは輪郭だけだった。

アウグスト・ヤコブソン〔一九〇四―六三。エストニアの作家〕の戯曲『建設者たち』〔一九四九年〕（わたしはそれを『三人のキャプテン』と名づけた）では、サイレン、笛、斧の音などといった労働の騒々しい交響曲を、観客に届ける必要があった。わたしたちは木や石、鉄、ガラスを強く打ったり、レンガにレンガをぶつけた。騒音オーケストラに似たようなものをつくりださねばならなかったのである。

リーガから委員会が芝居を承認するためにやってきたとき、〈ロシア・ドラマ劇場〉の演出家ミハイル・ピャールン〔一九〇四—九一〕が言った。

「あなたがたの騒音オーケストラはじつにすばらしい。指揮者の名を、プログラムにも広告にもかならず入れなさい」

わたしはふきだしてしまった。「騒音オーケストラはわたしたち自身なんです……」

ヴィリス・ラーツィス〔一九〇四—六六〕の小説『新たな岸辺の方へ』〔一九五二年〕を脚色した芝居では、群衆の歓喜の声を伝えなければならなかった。監獄から政治犯たちが解放され、人びとは興奮している。いたるところで集会やデモ。わたしたちは舞台背景の窓を開け放ち、そのわきを旗を手に俳優たちが通り過ぎるようにした。観客は、意気揚々たる動きや窓の中で揺れる旗を眼にしていた。

*

そんな折りのことである。わが家のドアを喜びがノックしたのは。郵便配達員が手紙を届けてきた——ライヒが生きている！　かれはアクトベ〔現カザフスタン共和国の北西部の都市〕にいた。このことを知らせてくれたのはリジヤ・トームである——ライヒは、彼女の居場所を探しあて、自分の住所を送ってきたのだ。わたしは、すぐさまベルンハルトに電報を打った。返信を受けとって、かれは病気であることがわかった。どうやって助けるべきか？　ペレデルキノの別荘を売り払ったところ、食糧などを送ることが可能になった。

わたしの生活は期待にふくらんだ。ライヒの手紙は紙切れのようなものに書かれ、ときには二〇枚にも及び、ひんぱんに届いた。かれの生活に関する話も、理論的考察も、新しい企画も、上演の分析も書かれていた。わたしもまた、自分が感動したことをすべてかれと分かち合い、文通はかれと生の会話をしているような錯覚を生みだし、ライヒがとなりにいるかのようだった。手紙のひとつでベルンハルトは書いていた。

「……自分はいつも大都市で暮らしていたが、いまは都市の騒音や喧噪と心穏やかに別れられそうだ。モスクワのような都市ではいちばん貴重なのは、創造の才に恵まれたひとたちだ。かれらと接触がないことは大きな損失だ。しかし、地方やそのひとたちとの交流も、創造の展開にとって無益なわけではない。別居状態にまもなく終止符が打たれるものと期待している。ぼくたちはいっしょになるだろう。信じているんだ、ぼくたちの知的友情で固くむすばれた、充実したよき日々が訪れることを。苦労は幸福の源泉であるだけでない。苦労をとおして友情や愛情も強固になっていく。そのようになるだろう。きっと……」

わたしたちは、リーガの娘の家で会う約束をした。そこでわたしが眼にしたのは、やつれきった顔、短く刈り、四方八方に突きでた薄い白髪だった。ライヒが勢いよくわたしに向かってきたとき、思わず一歩あとずさりしてしまった——別人としか思えなかったのである！

　けれども、そのときベルニ〔ベルンハルトの愛称〕が口を開いた。大好きな声だった……ああ、にもかかわらず、わたしはかれといっしょにとどまることができず、かと言ってヴァルミエラにつれていくことすらもできなかった。文化省に駆けつけなければならなかったのである。シーズンに向けた劇場レパートリー計画が審査されているところだった。ライヒにヴァルミエラのアパートの鍵をわたし、建物の見つけ方や住所を説明したが、かれはぷいと外に出ていってしまった。わたしはリーガの通りを駆けめぐりながら、憂いで胸がしめつけられていた。あまりにも長い別離だった……

　家にもどり再びかれを目にして初めて、はっきりと自覚した――これが、かれ、わたしの愛しい大好きなひとなのだ！　と。見紛うほど変わってしまったけれど、これはかれなのだ。ようやくそのとき、わたしにはかれがそわそわしているのに気づき、驚愕した。「さっきの出会いのときのわたしの動揺にはたして気づいたのだろうか?!」

「アーシャ」静かにかれは言った。「もしかして、ぼくはきみのじゃまをしているんじゃないかな？　ぼくはアクトベにもどることもできるよ、そこになんとか落ち着くことにするよ……」

　やはり、わたしの当惑に気づいていたのだ。気づかないなんてありえなかった。

　二人とも気持ちがとても混乱していた。なにしろ、十年以上も会っていなかったのだから……

　けれども時間が経つと、わたしたちをむすびつけていたすべてが元にもどった。

　ライヒは、市内や郊外、ガウヤ河岸を散策した。疲れを知らず、一日に十五キロほど歩いていた。

　このような散歩のときに、かれは自分の論文や戯曲、エッセイ、評論に考えをめぐらしていた。

　あるとき、ライヒがその日眼にしたことについて喜々として語っていたときに、たずねてみた。

「ヴァルミエラのなにがそんなに気に入ったの？」

これにはベルンハルトのほうが驚いたくらいだった。

「だって、理想的な都市はまさにこうあるべきなんだよ――自然が、人間の手による創造物と調和して一体化している。ごらんよ、どの家の近くにも木々と花々が植わっている」

ライヒは、ヴァルミエラの古い教会も、そのまえの広場も、階段も、ガウヤへの道も気に入っていた。合唱の愛好者を数千人も集めていたラトヴィアの伝統的な歌謡祭にも有頂天になっていた――かれは人生を謳歌していたのである。しだいに身体的にも精神的にも再生していった。

日常生活では、ライヒはあきれかえるほど不器用な人間だった。何年もまえのことだが、村でくつろいでいたとき、わたしはかれにサモワールで湯を沸かすよう頼んで、ダーガといっしょに森へいった。もどってみると、ライヒが冷たいサモワールのまえに佇み、両手で長靴の片方をもっていて、まわりは水浸しになっていた。

「どこから水がもれているのか、わからないんだ」自信喪失状態でかれは言った。「栓は閉めたのに……」

かれはサモワールの中央の管に固形の燃料でなく水を注いでいたのだった。

けれども、多くの試行錯誤を経たいまになってさえ、ライヒは調理台の火をやっとのことでおこしている。出かけるときにはわたしは、スープを作るのに必要な食品を用意しておき、あとはそれらを鍋に入れるだけでいいようにしていた。あるとき、わたしはライヒにジャガイモを煮るようお願いし、リハーサルに出かけた。帰ってみると、焦げたような強烈な匂いがした。ライヒは当惑してレンジのそばに立っていた。

「アーシャ、ジャガイモの扱い方がわからないんだ?!」かれは言った。「ぼくはこれを洗い、煮ようとして鍋に入れたんだが、鍋の中できしむような音がして燃えてるんだ……」

鍋に水を入れなければならないことを、かれは知らなかったのである。

最終的には、かれは「コーヒーを入れる学問」と「オートミール・スープを調理する学問」を「マスターし」、そのことをおそろしく自慢にしていた。

「オートミール・スープをこれほどおいしくつくれる者はだれもいまい!」わたしがおいしそうに食べているのをながめながら、かれは表明するのだった。

ライヒは、わたしより聡明で、教養があったので、わたしは、かれのレベルに追いつこうと、ヘーゲルの『美学』〔一八三五～三八年〕や他の哲学者たちの著作を読みはじめた。かれは難解な箇所をわかりやすく説明してくれた。

自分たちにとって重要なひとつの事実――遅ればせの結婚――についても、言及しないわけにはいかない。それは、ライヒがモスクワで取得しようと決めた協同組合アパートの住まいを入手するために、不可欠だったのである。戸籍登録課のうら若い女性職員は驚いた。

「何年からあなた方はごいっしょなのですか」

「二二年からよ」わたしは答えた。

「まあ長いこと念には念を入れていたんですね!」彼女はにこっと笑って、日付を記入した。一九二二年と。

＊

一九五〇年には、わたしは劇場の演出主任に任命された。執務室が割り当てられ、合板の箱で机が組み立てられていて、その上には雨の日は天井からしずくが落ちていた。執務室の壁は、わたしがミザンセーヌや衣裳や舞台装置のエスキースをあちこちに掛けて、なんとか被った。

あるとき、リハーサルの最中に、息を切らした女優が客席に駆けこんできた。

「アルヴィーツ・ペルシェ〔一八九九―一九八三〕ともうひとりどなたかが、やってきました！」

ペルシェは、当時、ラトヴィア共産党中央委員会の書記だった。劇団監督は不在だったので、わたしが客人を迎えに出た。あいさつをしながら、ペルシェは言った。

「紹介します、わたしたちのお客さまです。演劇に関心がおありです」

直前に、わたしはセルゲイ・ミハルコフ〔一九一三―二〇〇九〕の戯曲『廃屋』〔一九五〇年〕を上演していた。それはモスクワでは厳しく批判されたのだが、わたしには喫緊の課題に応えているように思えた。

「なぜあなたは『廃屋』を選んだのですか？」ペルシェの道連れはたずねた。

「作者が提起している切迫した倫理的問題は、時宜に適っています。この芝居をわたしたちは文化会館やコルホーズのクラブで上演しましたが、観客に歓迎されました」

「今後はなにを上演する予定ですか？」モスクワっ子はたずねた。

「ラヴレニョフの『アメリカの声』〔一九五〇年〕やアレクサンドル・トゥイシレルの『三八度緯線よりも

南に』〔一九五一年〕です。オストロフスキーの『森林』〔一八七〇年〕や『実入りのいい地位』〔一八五六年〕にも取り組みたいし、『検察官』も上演したく思っています」

わたしの話し相手は、心地よい驚きを覚えていた。勢力の小さな劇場も大きな課題に答えようとしているのだ、と。

劇場の仕事は容易ではなかった。わたしは新しい不慣れなものに夢中になる傾向があり、困難を克服するのが好きだった。その代わり、勝利はほんものの喜びをもたらしてくれた。ヴァルミエラでもそうだった。

すでに話したように、劇団には、プロの俳優や演劇スタジオの卒業生だけでなくアマチュア演劇の参加者たちもいた。のちに、わたしたちのところに〈エルガヴァス劇場〉の一部も加わってきたため、俳優たちに染みついた伝統を新しいやり方にすっかりつくりなおすのは、容易でなかった。

新しい形式をわたしたちが探究する目的はただひとつ、すなわち、どのようにすれば戯曲の内容をできるだけ深く解明できるかだった。わたしたちは、観客への俳優の直接的呼びかけや、登場人物の人間像や行為の正確な評価、エピソードや芝居全体の解決にさいしての規模の決定、性格《キャラクター》や出来事の弁証法的解明を利用してきた。

レパートリーの選択には、わたしたちの場合、一定の困難が伴っていた。団員が少ないし、名優がいなかった。加えて、新しい舞台美術家とは長いあいだ見解の一致が得られなかった。

一九五一年にわたしは、観客の育み方に関するブレヒトの覚書を読んだ。ブレヒトによれば、芸術教育の課題は以下の点を観客に身に付けさせられるかどうかにある。すなわち、一、真の芸術作品をまがい物から区別し、独創的な創造を亜流から区別する。二、作者の構想を洞察し、その具体化の方法と手段を解明する。三、劇作家の独創的な個性の特徴をつかむ。四、悪しき嗜好や教条的先入観から解き放たれる。五、舞台美術家たちの繊細な創造的解決をしかるべく評価する。

わたしは、革命演劇の巨匠たちがいかに大胆に観客を能動的にさせていたかを知っていた。ひとは世界を変革して明るい未来を建設できるし、またそうすべきである、といった確信をいかに観客に植えつけていたかも知っていた。

メイエルホリドが、数十年にもわたって実物を模倣し舞台空間を占領していた小道具のがらくたから、舞台を浄化したとき、多くの者たちは、この新たな試みをフォルマリズム的な手品とみなし、条件的な舞台装置に反発した。けれどもやがて、ほかのわが国の演出家たちも芝居の自然主義的な舞台装置の原理を放棄した。条件的な舞台装置を観客が受け入れていることがわかったのである。幕なしで演じ、劇場の機械類をこれ見よがしに見せても、観客の知覚の妨げにはならなかった。

切迫した社会評論的な上演では欠かせない、俳優が客席に直接呼びかける手法が、芸術的な芝居でも利用されるようになった。こうしたことは、演劇に社会評論的な性格が強まってきていることの証である。観客は、この手法を、親密な会話への招待として受けとめている。『三八度緯線よりも南に』、『愛は死より強し』、イプセンの『幽霊』〔一八八一年〕やほかの芝居が、そうだった。

いまでは自明のことが多いものの、当時は観客に働きかける方法を手さぐりでまさぐらねばならなかった。観客と交流し、その要求を検討し、芝居の意図が理解されているかどうかを知るために、わたしたちは観客会議を開くことにした。

一般客は自分の意見を人前で述べるのをためらいがちであることを念頭におきながら、会議を進行していかねばならない。そのため、わたしたちは、劇場にとってはどんな意見もたいせつであること、それがわたしたちの力になることを強調した。会議の始まりでは、観客が頑として口をきかないこともあった。議長が呼びかけたり懇願しても、人びとは当惑してちらりと視線を交わしあったり、ささやきあっている。なんとかして、恥じらいを克服しなければならない。そのようなとき、メーキャップをして衣裳をまとったまま芝居の参加者たちが舞台上に登場した。その途端、観客は生気を得たかのように、最初はおずおずと、そのあとにはどんどん大胆になって、自分の意見を、まるで主人公たちに向けてのごとく発していった——緊張の糸がほぐれたのである。

どの芝居にたいしても、わたしたちは注釈を兼ねたプログラムを発行した。その序文では、戯曲の思想的方向性が説明され、登場人物たちの簡潔な特徴付けがあたえられていた。

アフィノゲノフの戯曲『わが子たちの母』〔一九三九〜四〇年〕に取り組むにあたっては、観客を総稽古に招待した。そうすることによって、わたしたちの解決が正しいかどうかをチェックしてもらい、必要とあらば一定の修正をほどこすことを期待したのである。通し稽古はコルホーズのクラブでおこなわれ、演劇サークル員やコルホーズ員もやってきた。開始前に、観客にアフィノゲノフの作品の説明をした。総稽古はいつものように進んだ。アドバイスや、うまくいかなかったエピソードや場の繰り返し、俳優の演技の分析、議論、反論。集まったひとたちはわたしたちの作業をしっかりと見守っていた。

総稽古は討論で締めくくられた。出席者たちは次々と質問を浴びせ、俳優の演技についてきわめて的確なコメントを発した。また、なじみのコルホーズ員たちが初演に数台のトラックで駆けつけたときなども、とても熱心に観劇してくれ、反応も活発で、まるで自分たちも芝居の創造者であると考えているかのようだった。

わたしたちは、アンナ・ブロデレの喜劇『ダーツェは幸福を探し求める』〔一九五五年〕でも、おなじような総稽古をおこなった。有益で正確なコメントがたくさんあった。たとえば、あるコルホーズ作業班長は女優たちを当惑させた。彼女たちは若い女性コルホーズ員を演じるにあたり、ことさら上品にふるまおうとしている、とコメントしたのである。「あんた方は踊るように軽快に動きまわっているけど、おれたちの娘はしっかりと大地を歩いてるぜ」と。

この戯曲では、劇団のトップ女優ヴィルマ・リエピニャが作業班長アリダ役を演じた。仲間たちは、彼女は外見からして役にふさわしくないと考えていた。あまりにやせっぽちだったのである。こうした意見の正当性を検討するため、観客に議論をお願いした。

意見は全員一致だった。リエピニャは的確に演じている——毅然としており、情熱的な彼女ならんでも可能だというのである。「やせ細っているのがなんだというんだ。それなら、われらがコルホーズの英雄を見てみろ。かれがコルホーズ全体を支えてるんだぞ！」そう言って、客席に控えめに腰かけているやせっぽちの男性を指さした。

通し稽古のさいに観客が述べた公平な評価は、ひじょうに貴重で参考になった。おかげで、適宜、誤りを正し、修正をほどこすことができた。実験は成功を収めたのである。わたしたちはほかのコルホーズにも招かれるようになった。しだいに、劇場の真の友人たち——注文の多い常連の助っ人たち——が活動に加わってきた。

人びとは劇場にくるのを楽しみにしていた。

わたしたちは、アルヴィーツ・グリグリス〔一九〇六―八九〕の戯曲『火打石の火』をもとにした芝居も上演した。この戯曲では作者は、コルホーズの精選された穀粒を餌にやって七面鳥を売りにだしているコルホーズ議長を批判していた。上演には作者当人もやってきて、観客といっしょに楽しく笑っていた。

ゴルドーニ作『二人の主人を一度に持つと』〔一七四六年〕を、わたしは「金箔と絹」なしで演出した。わたしたちの劇場では、トルファルディーノの伝統的イメージにたいし、ふつうとちがった解釈をほどこした。わたしたちの主人公は粗製麻布をまとっていた。二人の主人に仕えているのは、大家族を支えていかねばならなかったからである。すなわち、トルファルディーノが働いているのは、悪ふざけのためではけっしてないし、慰みごとのためでもない。芝居は百回を越えて上演された。

オストロフスキーの『森林』では、おもな登場人物、とくにアクシューシャの解釈がいささか変わっていた。この役を演じたマリヤ・アダモヴァは、お涙頂戴ではなく積極的な共感を観客に呼び起こそうとしていた。彼女のアクシューシャは抵抗しており、幸せを求めて戦っていたのである。

ゴーゴリ記念祭に合わせては『検察官』を上演した。観客は上演に満足し、批評も肯定的で、ヴァルミエラの『検察官』はリーガのよりも成功していたとすら書いてくれた。『検察官』の上演は、劇場の権威を高めるとともに、劇団が複雑な課題をもこなせることを証明したのであった。

ライヒは、ヴァルミエラでイプセンの『ヘッダ・ガーブラー』を上演し、主役はマリヤ・アダモヴァが演じた。演出家は、ヒロインのイメージをまったく独自に解釈していた。ヘッダは悪の原理を具現化していたのである。芝居は興味深い新機軸に満ちていた。思うに、ベルンハルト以前にだれひとりとして、これほど独創的な解釈をイプセンにほどこした者はいない。だがまさにこの独自性こそが、地方の新聞雑誌では批判的評価を招いたのであった。その代わり観客には好評で、それだけでライヒは十分満足していた。

ヴァルミエラでは、ベルンハルトは再び戯曲の執筆にとりかかった。それらのひとつの出だしを読んでくれたが、わたしは不明瞭な箇所があることに気づいた。おそらく、かれはこの戯曲をユーリー・リベジンスキーに送ったのだろう。というのも、のちに、書類のなかに戯曲に関するリベジンスキーの肯定的な批評を見つけたからである。けれども、まもなくライヒはそれを燃やしてしまった(たぶん、〈ヴァフタンゴフ劇場〉のアーカイブには、西ベルリンでの出来事や、ネオファシストたちとの闘争におけるドイツの自由ドイツ青年団員たちの役割をめぐる、ライヒの戯曲『遮断機そばの家』が保存されている)。ライヒは劇評も書いていたが、この時期のかれのおもな著作は、一九六〇年に刊行された、ブレヒトの創造に関する著書〔『ブレヒト』ドイツ語からのロシア語訳で、モスクワで出版〕である。

*

一九五五年にブレヒトは、国際レーニン平和賞を受けとるためにモスクワにやってきた。かれは、わたしたちに「お越しください」と電報を送ってきた。

ブレヒトとは二十五年ほど会っていなかった。当時、ベルリンを発つまえに、わたしはブレヒトの仕事場に立ち寄った。かれは物思いに沈んで、黙りこんでいた。テーブルにはカクテルと二つのグラスがおかれていた。ブレヒトはグラスになみなみと注ぎ、レコードをかけた——物悲しい、哀愁を誘うタンゴだった。テーブルには、わたしがよく遊び相手にしていたぜんまい仕掛けのおもちゃも横たわっていた。黒と白の二人のボクサーがパンチを交換するのである。

「ぼくは知ってるよ、きみがこれを気に入っていることを」ブレヒトは、おもちゃを差しだしながら言った。「記念にもっていきなよ。ベルリンやぼくを思いだしておくれ……」

モスクワでブレヒトとヘレーネ・ヴァイゲルにあてがわれたのは、四部屋からなる豪華な客室で、電話が二台、テレビ、ぜいたくな寝室が備わっていた。これでは二人とも気詰まりのため、ブレヒトはなるべく簡素な客室を二部屋頼んだ。

わたしは、そわそわしながら、かれの部屋がある階にあがっていった。ドアをあけたのは本人だった。玄関の間は薄暗かった。わたしたちは互いを見つめるばかりで、挨拶も交わさなかった。それほどにまですべてが不思議な感じだった。わたしは、またブレヒトを眼にしていることにも、わたしたちがまるで他人のようであることにも衝撃を受けていたのである。わたしはブレヒトのまえではいつも少しおじけてしまっていたが、今回もそうだった。かれはおもむろに、黙ったままで、コートと帽子を脱ぐのを手伝い、そっとドアを開いてわたしを先にとおした。こうしたことすべてが夢のようだった。わたしたちはソファに腰をおろし、黙ったまま互いを見つめていた。

そのとき、わたしは自分でも思いもかけず、だしぬけに切りだした。

「ベルト、太ったわねぇ！」

かれはにっこり笑い、わたしが以前知っていた動きで、頭を肩にほんのすこし傾けた。かれもまたそわそわしていたのだ。

「そうかなぁ？」ちょっといぶかしげに言葉を延ばした。「たぶんそうなんだろうね……」

わたしのこわばりもたちまち消えた。

わたしはブレヒトとヴァイゲルに毎日会った。ある食事のとき、デザートに見たこともないようなものが出てきた——四角張った料理の上に炎がゆらめいている。料理を最初にとったのはヴァイゲルで、彼女は青い炎の一切れを皿にのせて静かに食べはじめた。わたしは、こっそりとブレヒトに眼をやった。そのずるそうな笑いから、昔のようにわたしをからかおうとしていることがわかった。もちろんかれは、こんな料理をわたしが食べたことはあるまいと推測していたのである。ところがわたしは、スプーンを手にとり、そっと炎を口もとにもってきた。アルコールのはいった果物入りアイスクリームだった。

「どうしたの、わたしがびくつくとでも思った?!」

ブレヒトは頭を肩のほうに傾け、にやっと笑っただけだった。

ブレヒトには車が提供されており、わたしは通訳としていっしょに劇場をまわっていった。時間があまりないため、一幕だけの観賞だけですまさざるをえないことが多く、そのあと別の劇場へと出発した。〈モスクワ芸術座〉の学校では、シェイクスピアの『十二夜』が上演されており、最高学年の生徒たちが演じていた——みんな、すらりとして美しかった。ブレヒトはこの芝居が気に入らなかった。演出家たちがせっかく若者をスタジオに受け入れながらも表面的なデータに依拠していることが、不満だったのである。

その代わり、〈モスクワ芸術座〉のオストロフスキーの『熱き心』〔一八六八年〕、とりわけアレクセイ・グリボフ〔一九〇二―七七。俳優〕には感激もひとしおだった。

ホテル「ソヴィエト」で祝いのレセプションが開催された。ブレヒトは演説をしなければならなかったが、演説は得意でなかった。ブレヒトは作家であり、劇作家であり、演出家であったが、雄弁家ではなかったのである。筆記の演説をドイツ語から訳す必要があった。

「これをできるのはボリス・パステルナーク〔一八九〇―一九六〇〕だけだ」ライヒがアドバイスした。

パステルナークは引き受けてくれた。

別れの時が近づいてくると、ブレヒトはライヒに、いっしょにベルリンにいって、〈ベルリーナー・アンサンブル〉付属の演劇スタジオで働かないかと提案した。

ライヒは言葉を濁した。かれにはわかっていたのである。わたしがヴァルミエラでの演出活動に没頭しており、劇場をあとにすることにおそらく賛成しまいだろうことが。

当時、ブレヒトのドラマトゥルギーはソヴィエト連邦ではあまり知られておらず、その戯曲もほとんど上演されていなかった。わたしは『コーカサスの白墨の輪』〔一九四四年〕を上演したいと思い、そのことをブレヒトに告げた。

けれどもこの戯曲では、わたしの小さな劇団からすれば、登場人物の数があまりにも多かった。

「ほんとうに上演しようとしているのかい?」ブレヒトはたずねた。「もしそう決めたときには、特別にきみの劇場用の版を書くよ」

かれは、〈ヴァルミエラ劇場〉に何人の俳優がいるかをメモ帳に記した。

「しかし覚えておいてくれよ、かならず初演を観にくるからね！」

かれは約束をいつも守っていた。わたしのほうは約束を守れなかった。別の上演が先に二つはいっていたため、わたしが『コーカサスの白墨の輪』に着手することができたのは、ほぼ一年後のことだった。一方、一九五六年にブレヒトは亡くなった……

劇場の仕事は全身全霊の緊張を必要とした。だが、力はますます衰えていき、狭心症の発作が起こることもまれではなかった。

「アーシャ、君は病気なんだよ」ライヒは何度も言っていた。「劇場を辞めなくては」

わたしは六十六歳になった。そして、ついに譲歩した。つらかったが、わたしは劇場に別れを告げた。

けれども、ラトヴィア作家同盟ドラマトゥルギー・批評セクションの仕事はつづけるとともに、映画撮影グループの演出指導者として、ブロデレの小説『心の血で』〔一九五五年〕のモティーフにもとづく映画『イルゼ』〔一九五九年〕の撮影にも参加した。ラトヴィアの革命的ドラマトゥルギーやブレヒトの創造について講義をおこなったり、第四九中学校の生徒たちとともにライツェンスの戯曲『ミシンと風力製粉所』を上演したりもした。わたしの批評、問題提起論考、回想は、ソヴィエト連邦、ドイツ民主共和国、西ベルリンの新聞や雑誌に掲載された。たぶん、けっこうな数にのぼるはずである……

とはいえやはり、わたしは演出活動が懐かしかった。まさにそんなとき、〈リーガ・フィルハーモニー〉の女優イルガ・ズヴァノヴァ〔一九〇九―一九八八〕がわが家に話を持ってきたのである。

「あなた方はブレヒトをよくご存知です。コンサートでは、わたしはかれの戯曲の断章だけを朗読しています。なにかもっとおもしろいものを準備していただくことはできないでしょうか？」わたしたちはこの提案に関心を持った。とはいえ、ブレヒトの戯曲のひとつを、ひとりの女優が演じられるように改作するとなれば、どうしたものだろうか？　ライヒは『肝っ玉おっ母とその子どもたち』の舞台化を提案した。

　わたしたちの提案にズヴァノヴァも興味津々だった。戯曲を相当縮めなければならなかったが、作者のト書きはそのまま残した。ライヒが『肝っ玉おっ母とその子どもたち』の変奏を書き、一人でドイツ語からロシア語とラトヴィア語に訳し、ズヴァノヴァは両方の台本を覚えた。おそらく、いちばんむずかしかったのは、ブレヒトの独自性と戯曲の特色を保つことだったろう。なにしろ、言語にはそれぞれの特徴と法則がある。

　この芝居にわたしたちは二年間取り組んだ。ズヴァノヴァは、客演やら病気やらで、時間がとれないことがしょっちゅうだった。けれども彼女は意思が強く、ほんものの女優であり、約束を守った。芝居全体をひとりで演じきったのである。その結果、どうだったろう！　ひとり芝居は、ラトヴィアのリーガやリエパーヤその他の都市、エストニア、リトアニアで大成功を収めたのであった。ズヴァノヴァは、ノヴォシビルスク近郊のアカデムゴロドクにまでも赴き、喜色満面で帰ってきた。「信じられない奇蹟だわ！　魔法にかかったかのように耳を傾けてくれたの」

　演出家ナタリヤ・エチンゴフ〔一九一三―二〇一二〕は書いている。「これは多声交響曲をひとつの楽器で奏でる試みだったのだが、成功を収めた。ひとりだけの俳優の芝居は、多様性という点では評価をさげていたのにたいして、別の点、すなわち思考の統一性と力強さの点で好評を博していた」

＊

ライヒと過ごした晩年は、人生でいちばん幸せな時期だった。かれがつらい病にかかっていることにいったいどうして気づけなかったのか、これだけがわたしにはわからない。わがライヒは、心の内を見せることがまずなく、けっして愚痴をこぼさなかった。

「ねえ、なにを心配しているんだい?」わざとのんきにかれは話していた。「どこも痛くはなくて、ちょっと喉が腫れているだけだよ」

その言葉をわたしは信じ、安心していた。わたしたちがゴーリキー通りのアパートに引っ越したとき、ライヒはすでに七十を越えていた。毎朝、かれは新鮮な空気を吸いに出かけ、外套を着て、首にマフラーをぞんざいに巻いていた。手袋は、零下二十度でもはめようとしなかった。幼い子にするかのように、わたしはマフラーをなおし、ちゃんと全部のボタンをかけているかチェックした。かれは、誇らしげに頭をのけぞらしたが、すなおに気遣いに耐えていた。

「アーシャ、ぼくは何者なんだい、子どもとでも言うのかい?」ににこしてたずねた。

「それじゃ、自分でボタンをかけなさい!」

「われわれウィーンの大学生は」かれは気負って反論した。「いつもこういう服装だったんだ!」

朝、ライヒはわたしを起こさないように気を遣っていた。自分で朝食をつくり、そのあと灰色のフロックコートをまとい、寒い日は（夏でも愛用することのあった）セーターも着て、机に向かいっぱなしだった。わたしは、机の上に傾けたふさふさの白髪頭や、紙の上にペンを走らせる美しくて細い手を見慣れており、朝、眼を覚まして、かれがいつもの場所にすわっているのを見ると、心がたちまち安らかになった。

ライヒが仕事をしているとき、周囲はかれにとって存在しなかった。その集中ぶりにはすさまじいものがあり、部屋からあらゆる物をそっともちだすことができそうなくらいだった――かれはなにも気づかなかっただろう。かれののんきさは、ときには珍奇なくらいだった。いつだったか、モスクワでトレチヤコフの祝いのパーティーに招待されたさい、ベルンハルトはすり切れたフランネルのシャツを着ていき、お祝い用の服装をしている客人たちのあいだですっかり浮いてしまった。

かれは贈り物をするのが不得手だったのだが、いつだったか蛮勇をふるった。ある日のこと、かれがテーブルの上に紙包みをおいた。

「アーシャ」威勢よくライヒが言った。「ほら、きみの誕生日のお祝いだぞ」

それは、魚料理用のナイフとフォークと箆《へら》のセットだった。

「ねえ、ベルニ。いつもわたしたちは魚を簡単なフォークで食べているわよねえ」

かれはうろたえた。

かれが贈り物をできるとすれば、それは本以外ありえなかったのである。

ライヒは厳格になることもあった。わたしたちがなんらかの問題を議論し、見解が合わなかったときなど、かれは一歩たりともゆずらず、自分の正しさを証明しようとした。そんなときには、とても興奮して声を荒げ、叫んでいた。

ライヒは子どもたちが大好きで、子どもたちもかれが大好きだった。かれは、子どもたちとは特別に優しくすることなく会話をしており、子どもに合わせた舌足らずな話し方もしなかった。客人のまえで子どもたちに無理矢理に能力を披露させる、たとえば朗読させたり歌わせているのを見るのも、ライヒには耐えがたかった。

日中はライヒは一度も休憩をとらなかったが、あるとき、昼間に長椅子にころがったので、わたしは不安になった。

「どうしたの？　頭が痛いの？」

「いや、ちょっと疲れただけだよ」

ベルンハルトは人生を存分に楽しんでいた。かれには、わたしと分かち合っている計画がいくつもあったが、死については語らなかった。一度だけ、フリードリヒ・ヴォルフのなにかの本を読んだあとで、こう言ったことがある。

「ねえ、アーシャ、ぼくは思ったんだ。ぼくらがいっしょに死ねたらいいなって」

わたしには、この言葉の意味がよくわからなかった。理解できたのは、あとになってのことである。かれは、ツヴァイク〔一八八一―一九四二。シュテファン・ツヴァイク。作家。妻ロッテとともに自殺〕とおなじように、あるいはマルクスの娘とラファルグ〔一八四二―一九一一。ポール・ラファルグ。批評家、ジャーナリスト。妻はマルクスの次女ラウラ。妻とともに自殺〕とおなじように、ふるまうことを夢見ていたのだった。かれは、自分が致命的な病に冒されていることをすでに承知のうえで、わたしのことだけを考えてくれていたのである。わたしが病気のとき、ライヒはそばに腰をおろして、シェイクスピアの史劇について語ってくれた。劇場ではこれらの戯曲はほとんど上演されたことがなく、わたしはよく知らなかった。かれは、数多くの王朝や、シェイクスピアの悲劇の特徴などを語ってくれた。わたしは、かれの博識ぶり、複雑な文学作品の深い分析にただただ驚くほかなかった。

ベルリンの〈ドイツ劇場〉では、マンフレート・ヴェクヴェルト〔一九二九―二〇一四〕とハインツ＝ウーヴェ・ハウス〔一九四二―〕が、『リチャード三世』の上演にとりかかっていた。ハウスは、ライヒと長きにわたって手紙をとりかわし、相談してきていた。ライヒはハウスからの手紙や自分からの返信をわたしに読んでくれていたが、それはもはや研究書そのものだった！　ライヒは、リチャード三世という人物が時代によっていかに解釈されてきたか、ウィリアム・シェイクスピア本人はリチャード三世をどのように理解していたかを語っていた。ヴェクヴェルトにおいては、リチャードは喜劇的人物となっており、ベルンハルトもこの点について賛成だった。

「たくさんのひとを殺した大悪党、たとえばヒトラーのような連中は、つねに喜劇を演じてきていたのだ」

あるとき、祝電が届いた。ライヒがドイツ民主共和国芸術アカデミー準会員に選ばれたというのである。しかししばらくたっても、賞状とアカデミー章がなぜだか届かなかった。そんな折り、わたしの入院中にライヒから電話があった。

「アーシャ、ドイツ民主共和国の駐在代表部から招待状がきたよ。ベルリンから国家参事官が到着したそうで、ぼくは、アカデミー会員の紋章と賞状を受けとりにモスクワに呼びだされてるんだ」

「表彰されて当然だわ、ベルニ！　こんなうれしいことがあって！」

「でも、ぼくはそうでもない……」

「どうして？」わたしはびっくりした。

「遅すぎるよ」悲し気にベルンハルトは答えた。「遅いよ……」

かれは、四十度もあった熱をわたしに隠し、まる四日間アパートにひとりきりでいたのだった。病院ではわたしたちの病室はおなじ階にあり、かれの部屋にいくことができた。

かれは、構想しているものを完成させるために力をたくわえておかねば、と言った。

「ねえ、アーシャ、明日にはドゥルツェ論を書きおえるよ。かれは文体も内容もすばらしい。つぎは、真剣にかれのドラマトゥルギーに取り組むつもりだ」

イオン・ドゥルツェ〔一九二八―。モルダヴィアの作家・劇作家〕に関する論考は、未完のままにおわった。この論考はラトヴィア語に訳され発表されたものの、それが未完成であることはどこにも述べられていない。

アカデミー会員の賞状はどこかで停滞していたが、ライヒはそのことは気にしていなかった。その代わり、著書『ウィーン、ベルリン、モスクワ、ベルリン』の出版が長引いていることにがっかりしていた。

……その朝、かれは入浴をすませて、楽しそうに出てきた。わたしは、いつものように廊下で待っていた。

「気分爽快だよ。もう体温もふつうになったし」

ところが午後になると、すっかり血の気が引いていた。

「アーシャ、また体温が跳ねあがってしまったよ」

五月九日、かれの容態は悪化した。病室には白衣のひとたち――医者や看護師――が出たり、はいったりしていた。わたしは入れてもらえず、廊下で待つしかなかった。しばらくして、担当医がわたしの手をとって、ライヒのそばに案内した。白衣のひとたちが道をあけ、わたしはベルニを見やった。両手を広げて仰向けに横たわっていた。

ライヒはわたしに気がつき、その眼がうれしそうに輝いた。わたしはかれのほうに身をかがめた。

「Berni, ich habe dich immer geliebt.（ベルニ、わたしはあなたをいつも愛してたわ）」

「Asja, du weißt alles...Ich habe dich auch immer geliebt!（アーシャ、きみはすべてわかっている……ぼくもきみをいつも愛してた）」

そのあと、わたしは自分の病室にもどされ、注射をされて意識を失った……

翌朝、科の主任が立ち寄った。彼女の悲しそうな眼から、すべては明らかだった。

ライヒは五月九日の午前一一時に亡くなったのである。戦勝記念日だった。

病院のわたしのところに、ラトヴィア・ソヴィエト作家連盟第一書記のアルベルツ・ヤンソンス〔一九二八―九九〕と、映画監督のロラント・カルニンシュ〔一九二二―〕がきてくれた。

ライヒはライニャ墓地に埋葬された。わたしの手には、どうしてだか、赤いナデシコの花束が握られていた。わたしは近づき、一輪だけベルニの背広の折り返しの裏に差しいれた。赤いナデシコは、血の鮮やかな一滴さながら、かれの白いシャツの上で深紅に映えた。

楽隊が、わたしがライヒによく歌っていたメロディーを演奏していた。「用もないのにわたしを誘わないで」と。わたしには明るい緑のシラカバやとても大きな銀色の花冠のようなものが眼にはいったが、そのとき突然、ペーテリス・ペーテルソンス〔一九二三―九八。演出家、劇作家〕の声がひびきわたった。かれは、アンドレイス・バロディス〔一九〇八―八七〕が書きあげたばかりの詩を朗読していた。

集まってくれた方々に感謝の言葉を述べる力がいったいどこから沸きあがってきたのかは、わからない。

「二週間後には、わたしとライヒは共同生活五十周年を迎えます。故人は祝いごとがきらいでしたが、わたしに言いました。「今回はわたしたちも何人かの友人を招待しよう」と。故人は、自分に友人がこんなにたくさんいることを知りませんでした。皆様、ほんとうにありがとうございます」わたしは深々とお辞儀をした。

翌日、病院のわたしのもとへ、〈ベルリーナー・アンサンブル〉劇場とドイツ芸術アカデミーの代表団が喪章をつけてやってきた。また、ライヒが亡くなって数日後には、思いもかけず、劇作家グナル・プリエデ〔一九二八―二〇〇〇〕が病室に立ち寄った。モスクワから、ライヒの著書『ウィーン、ベルリン、モスクワ、ベルリン』を持ってきてくれたのである。ライヒはこの本を一日千秋の思いで待ちかねており、「アーシャ、もしかしたら本は出ないのでは?」と疑っていた。

そこへ本が登場、けれども著者はもういない……

……そう、かれはいない。一方、わたしのところに代表団がたずねてきた。モスクワのドイツ駐在代表部の代表と、ラトヴィアの作家たちの一団である。かれらはバラの大きな花束を手にはいってきて、ドイツ民主共和国芸術アカデミーの紋章を入れた小箱を手渡した。作家のだれかが証書を広げ、準会員の称号をベルンハルト・ライヒに授与する旨、読みあげた。

ライヒはいない。ライニャ墓地には、彫刻家ヤーニス・カルロウス〔一九三九―〕がラトヴィアの野原で見つけた巨石が立っている。

ライヒはいない。けれども、かれが構想したことの多く――手稿、本、メモ、指針――は残っている。かれの精神的遺産は生きているのである。

ライヒは類まれなまでに完ぺきな人物だった。なにかに夢中になると、それに全力投入した。演劇にたいしてもそうであり、最後の日々まで演劇への忠節を守った。過去と未来のあいだで選択をおこない、コミュニストになったのも、そうだった。

ベルリンを棄て、祖国としてモスクワを選び、モスクワと革命的義務に最期まで忠実だった。また、完ぺきかつ感動的なまでに、友情と愛にも献身的だった。

赤いナデシコ――革命と幸福のシンボル――で、わたしたちの人生ははじまり、おわったのであった。

訳註

（1）　構成主義はロシア・アヴァンギャルド芸術の一潮流。一九二〇年代初頭にあらわれ、イーゼル絵画を否定し、金属、ガラスなど使った抽象的な構成を重視する一方、建築、椅子などの実用品、ポスター、舞台装置のデザイン、写真その他、さまざま領域で活動した。

（2）　父の姓はリエピンシュだが、ラトヴィア語では男性と女性では姓の接尾辞が異なることが多い。アンナの結婚前の姓はリエピニャであり、さらにロシア帝国の支配下にあった頃にはロシア式に名＋父称（父の名をもとにつくられる）＋姓という三項式もよく使われた。アンナの場合は、父の名エルネストから形成されたエルネストヴナが父称。

（3）　ヴラジミル・ベフテレフ（一八五七―一九二七）は心理学者、精神科医、精神病理学者。ロシア反射学の創始者。一九〇八年に精神神経医学研究所・大学を創立し、そこに教育学部、法学部、医学部を開設した。ラーツィスが通ったのは二年制の教養学部。

（4）　エヴレイノフによれば、人間には、仮面を身に着け、自分自身でないものになれる自分自身の演劇を生みだそうとするところがある。生活を改造する、すなわち演劇化しようとするのである。

「子どもの誕生、その教育、狩り、結婚、戦争、裁判と罰、宗教儀礼、さらには葬式――ほぼすべてのことから、未開の人間は、のちの文化的人間と同様、純粋に演劇的な性格のパフォーマンスを催している」（『自分自身のための演劇』）

（5）　一九〇五年末に〈モスクワ芸術座〉と袂を分かったメイエルホリドは、一九〇六年十一月から〈コミサルジェフスカヤ劇場〉に演出家および俳優として招かれるが、やがて演劇観の相違が明らかになり、一九〇七年十一月に解雇された。その直後、芸術監督にコミサルジェフスキーが就いている。

（6）　ラトビア独立戦争中に結成された短命な社会主義共和国。一九一八年十二月十七日に、レーニンとロシア・ソヴィエト連邦社会主義共和国のソヴィエト共産党政府を政治的、経済的、軍事的な後ろ盾に、成立を宣言した。しかし、連合国に支持されたラトビア共和国のウルマニス政府は、一九一九年の春、ドイツ義勇軍の支援で反撃を開始し、かれらは早急に失地を回復した。首都であるリーガは一九一九年五月二十二日にウルマニス政府側に再度占領され、ラトビア社会主義ソヴィエト共和国の領土は東ラトビアのラトガレの一部にまで減少した。ラトビア社会主義ソヴィエト共和国は、最終的にラトビア人とポーランド人の共同の軍によって一九二〇年早期にはラトビア全土を失った。

（7）　前章につづき「7」となっているが、理由は不明。「訳者解説」を参照。

（8）　従来の絵画的装置の代りに、舞台に高さの異なるいくつもの演技の場所を設け、それらの平面を「イェスナー階段」で連絡する独自の舞台形態を考案、立体的な効果をあげた。

（9）　ミュンヘン一揆。一九二三年十一月八日から九日に、ミュンヘンでエーリヒ・ルーデンドルフ、アドルフ・ヒトラーらナチ党員が参加したドイツ闘争連盟が起こしたクーデター未遂事件。半日あまりで鎮圧され、ヒトラーら首謀者は逮捕された。事件が発生したビアホール「ビュルガーブロイケラー」の名をとって「ビュルガーブロイケラー一揆」、あるいはたんに「ビアホール一揆」とも呼ばれている。

（10）　『一方通行路』は、「この道の名はアーシャ・ラーツィス通り／この道を著者のなかに／技師として／切り開いた女性の名にちなんで」との献辞からはじまっている。

本文中の「中国陶磁器・工芸品」に、次のようなくだりがある。

門があって、そこから一本の長い道が始まる。下《くだ》ってゆくと、ある女性の家に至るのだが、わたしはその人を毎晩訪ねていったのだ。彼女が引っ越してしまったあと、門のアーチ形の入り口は、聴覚を失った耳介《じかい》のように、私のまえに開いていていた。

ある子は、寝まきを着ているとき、家にやってきたお客さんにあいさつするように言っても、頑として聞かない。そんなお上品ぶった態度をやめるようにと、そこにいる者たちは、高度の倫理的立場から説得するのだが、どうにも駄目だ。数分後、この子は、今度は真っ裸で、お客さんのまえに現れる。そのあいだに体を洗っていたのだ。(『ベンヤミン・コレクション3　記憶への旅』浅井健二郎編訳、久保哲司訳、ちくま学芸文庫、一九九七年、二八頁)

(11)　ショーレム宛ての手紙。

一九二四年六月十三日

〔……〕ここには、注目するに足りるひとは、ほとんどいないのだ。リガから来たボルシェヴィキでラトヴィア人の女性、俳優であり演出家でありキリスト教徒である女性が、いちばん注目にあたいする。

〔……〕今日で、この手紙を書きはじめてから三日めになる。ぼくは昨夜、前記のボルシェヴィキの女性と〇時半まで話しをして、そのあと四時半まで仕事をした。〔……〕

同年七月七日

〔……〕起こっているのは、危なかしいまでに中断されているぼくの仕事にとっては最善でなく、また、どんな仕事のためにも不可欠な市民的な生活のリズムにとってもおそらく最善ではないが、しかし生命力の解放のためには、そしてラディカルなコミュニズムのアクチュアリティーを集中的に洞察するためには、無条件に最善のことなのだ。ぼくはリガから来たロシアの革命的女性と知りあった。かの女は、ぼくがこれまでに知った女性たちのうちで、もっともぬきんでたひとりだ。〔……〕

同年九月十六日

〔……〕だが、なおかつぼくには、コミュニズムの政治的実践（理論的課題としてではなく、さしあたり、ひとを拘束するような態度としての）が、ここに滞在して以来、これまでとは別の光を浴びて見えてきている。こういったことに関連してぼくが手探りしながら考えてきたことの多くが、ぼくの話し合ったひとびとのもとで――そのなかには、ロシアの二月革命以降党内で活動している、ひとりのすぐれた女性コミュニストがいた――じつに思いがけぬほどの関心に出逢ったことは、ぼくはまえにきみに書いたと思う。〔……〕

（『ベンヤミン著作集14　書簡I　一九一〇―一九二八』編集解説＝野村修、晶文社、一九七五年、一八九―一九八頁）

（12）　一九二四年成立、一九二五年八月十九日掲載。まず、ベンヤミンはドイツ語、ラーツィスはラトヴィア語で書いたとされている。日本語訳は、『ベンヤミン・コレクション3　記憶への旅』浅井健二郎編訳、久保哲司訳、ちくま学芸文庫、一九九七年に収録されている。

（13）　一九二三年四月、教育人民委員（＝文科大臣）ルナチャルスキーは、『イズヴェスチヤ』紙上で「オストロフスキーに帰れ」と呼びかけ、社会の現実を描くアレクサンドル・オストロフスキーの方法に学ぶようにと説いた。実質上、左翼アヴァンギャルドにたいする批判だった。

（14）　ベンヤミンが一九三二年七月二十七日に書いた「私の遺書」には、『シュテラ』ではなく、「ゲーテ『庶出の娘』の初版本はアーシャ・ラツィス（モスクワ）の〔……〕ものとなる」と記されている。（『ベンヤミン・コレクション7　〈私〉記から超〈私〉記へ』浅井健二郎編訳、土合文夫ほか訳、ちくま学芸文庫、二〇一四年、七二―七三頁）

(15)　一九一九年、ドイツ革命に呼応してトラーは仲間たちとともにバイエルン地域で革命を起こし、バイエルン・レーテ共和国の建国を宣言、内閣を発足させ、首班に就任したが、またたくまにトラー革命政権は瓦解した。トラーは雲隠れしていたが官憲に捕縛され、国家転覆の廉により起訴された。禁錮五年の判決を言い渡される。その後、シュタ－デルハイム刑務所に収監された。
　トラーは革命を裏切ったのだとするドイツ人ヴェルナーの「暴露」記事が、一九二六年三月二十日付の『プラヴダ』紙に掲載された。

(16)　モスクワ滞在中のベンヤミンに関するラーツィスの話は、以上でおわっている。一方、ベンヤミンはかなり長い滞在記『モスクワ日記』を残している（日本語訳は『モスクワの冬』藤川芳郎訳、晶文社、一九八二年）。刊行されたのは一九八〇年、つまりラーツィス没後一年である。日記は、ベンヤミンがラーツィスに寄せる情熱の激しさに貫かれており、ほぼ毎日ラーツィスが登場する。これをラーツィスが読んだならば、どのように感じただろうか。両者の記述のあいだに散見されるずれもふくめて、興味深いところである。一箇所だけ引用しておこう。

十二月二十日

〔……〕アーシャのこと、ぼくたちの関係のことを、多少書いてみることにする。いまやぼくはほとんど攻略不可能な砦の前にやって来てしまった。むろん自分には、この砦の前、すなわちモスクワにやって来ただけで第一の成功はかち得たのだ、と言いきかせている。しかし、それ以上の決定的な成功はまず望みえないほど困難に思われる。ライヒの立場は強い。この地で言葉には不自由し、寒さに凍え、またおそらくは食事にもこと欠きながらすごした艱難辛苦の半年間ののちに、ひとつまたひとつとつみあげてきた明確な成果があるのだから。今朝聞いたところでは、半年後にはここで職につく見込みがあるとのことだ。彼はアーシャほど躍起にはならないが、しかしもっとやすやすと、モスクワで働くという状況のなかに入りこんでいる。〔……〕ぼくにとって、モスクワは今や砦だ。身体にはとてもよいもののひどくぼくを苦しめるこの厳しい気候、言葉を解しないこと、ライヒがいること、アーシャのひどく偏狭な生活態度、これらは砦にそれだけの数の稜堡があることを意味する。そして、これ以上強引に突進することのまったく不可能なこと、アーシャの病気、少なくとも自分に関するすべての個人的なことがらをいくぶん無視する彼女の弱点、こうしたことが原因となって、ともかくぼくはまだ完全に意気消沈という事態には至らずにいる。死ぬほど憂鬱なクリスマスから逃れるという、この旅行の副次的な目的がどの程度かなえられるか、まだわからない。ぼくがまあまあ元気でいられるのは、さまざまなことはあってもぼくの眼にはアーシャとぼくを結ぶ絆が見えている、ということのためでもある。ぼくたちのあいだで使われるドゥーが真実を物語っているように思われる。そして彼女がいつまでもぼくを見つめているときのまなざしは——女性からあんなに長いこと見つめられたり、あんなに長いことキスをされたりしたことは、ほかには思い出せない——、今なおぼくに及ぼす力をいささかも失ってはいない。今日彼女に、ぼくの子どもを産んでほしいな、と言った。性的なことがらにおいて彼女が自分に課している、無意味とはいえぬ自制に付随する、奇妙だが自発的な身振りが、ぼくのことを好きだと物語っている。昨日ぼくが喧嘩を避けるために彼女の部屋から出ようとしたとき、むりやりぼくをつかまえ、両手を髪の毛のなかに突っこんだのも、そのひとつのあらわれだ。また彼女はよくぼくの名前を口にする。つい先日彼女は言った、ぼくたちが今ごろ二人の子どもといっしょに「無人島」で暮らしていないのは、もっぱらぼくのせいだ、と。

(五八—六一頁)

(17) 日本語訳は、『ベンヤミン著作集15 書簡II 一九二九—一九四〇』編集解説＝野村修、晶文社、一九七二年、一二〇—一二二頁を参照。「ぼくの友人のすぐれた放射線医師が、近いうちにロシアに行き、そこで仕事をするはずだ。きみを訪問するよう、ぼくはかれにいっておく。かれがぼくのために仕事をロシアに、半年のうちにみつけないとしても、ぼくは何もいうまい」とある。

(18) ［原註を一部修正］インテリゲンツィヤに敵対する理論。ポーランドのアナーキスト、マハイスキの名に由来。この理論によれば、労働者階級は「教養層」とりわけインテリゲンツィヤによって搾取されている。労働者の主たる抑圧者となっているのは、労働者階級をみずからに従わせ、かれらを犠牲にして生きようとしている革命的インテリゲンツィヤである。一時期の政治用語では、インテリゲンツィヤへのこのような憎悪を、「マハイスキ主義」と呼んでいた。

(19) 〔原註〕問題提起そのものが、当時の多くの批評家にとって異常で、冒涜的にすら思われた。肩章を付けた人物たちが舞台に登場することだけでも、ただちに抗議の反応を生みだした。

ライヒは『ウィーン、ベルリン、モスクワ、ベルリン』の中で、次のように書いている――「外国の同志たちが芝居を受け入れなかったことは、重要であった。コミュニストたちは、革命をいかなる言い訳も逃げ道もなしに全面的に認めねばならないと思っていた。革命には超人的な努力、困窮、苦悩がむすびついていた。かれらは、かれらの……不可欠で不朽の活動が肯定されるよう望んでおり、十月革命の敵や反対者にたいする妥協なき歴史的評価のみを認めていた……」。『トゥルビン家の日々』に反対する「戦い」は、引き分けにおわった。中央レパートリー委員会が、〈モスクワ芸術座〉を除き……ほかの劇場での上演を禁止したのである。

(20) 日本語訳「プロレタリア児童劇のプログラム」は、『ベンヤミン・コレクション7 〈私〉記から超〈私〉記へ』浅井健二郎編訳、土合文夫ほか訳、ちくま学芸文庫、二〇一四年、三八九―四〇〇頁を、参照。ここには、ラーツィスの児童演劇観がほぼそのまま活かされている点が数多く見られる。代表的な箇所を引用しておこう。

ブルジョアジーには、演劇ほど子供にとって危険なものはないのである。これは、子供を攫《さら》ってゆく旅回りの役者たち――かつて彼らは市民の平和を乱す者だった――の影響の名残というだけではない。ここではむしろ、子供たちのなかにある未来の最も強い力が演劇によって呼び覚まされるのを目の当たりにするのではないか、という怯えた意識が毛を逆立てているのだ。そしてこの意識が、市民的な教育学に、演劇を追放するよう命じている。（三九二―三頁）

このシステムには、道徳的な働きかけは存在しない。無媒介的な働きかけは、ここには存在しないのだ。（そして、ブルジョワ演劇における演出はといえば、こうした道徳的・直接的な働きかけに依拠している。）重要なのは、もっぱら、指導者が子供たちに、題材、課題、〔集団的作業の〕実施を通して、間接的に働きかけることだけなのだ。不可避の道徳的な調整や修正は、子供たちの集団みずからが、自身に対して行なう。そのことから、この児童劇の上演は、大人たちに対して、真正なる道徳的な審級として作用するにちがいない、ということになる。この児童劇を前にしては、優越した観衆にとって可能な立ち位置は存在しないのである。まだすっかり呆けきってはいない者なら、おそらく、みずからを恥じることだろう。（三九四頁）

子供の身振りはどれも、受容的な神経刺激伝達と正確に連関している創造的な神経刺激伝達なのだ。この子供の身振りを、小道具製作、絵画、朗読、音楽、舞踏、即興といった、さまざまな表現形式へと発展させることが、さまざまな部門の役割である。

これらの形式すべてのなかで、即興が中心的なものであり続ける。というのも、結局のところ、上演はそれら諸形式の即興的な綜合にほかならないからだ。即興が支配しているのである。即興とは根本秩序、そこから合図が、とはつまり合図を送る身振りが、現われ出てくる根本秩序なのだ。そして、上演または演劇がこれらの身振りの綜合でなければならないのは、まさに、ただそれらの身振りの綜合だけが、紛いようのない一回性を有しており、この一回性こそが子供の身振りにとっての真正なる空間だからである。子供たちをさんざん苦しめて、完成した「成果」として子供たちから引き出したものは、真正さという点で、決して即興には比肩しえない。哀れな教え子たちのそうした「芸術的成果」を目指していた貴族的なディレッタンティズムは、結局のところ、教え子たちの戸棚と記憶をがらくたでいっぱいにしただけだった。そのがらくたを、教え子たちはたいそう敬虔に保守し、幼年期の思い出に包まれながら、自分たちの子供をまたもや苦しめるのだ。子供たちが為し遂げる成果はすべて、作り上げられたものの「永遠性」ではなく、身振りの「瞬間」こそを目指している。束の間存在して移ろいゆく芸術としての演劇が、子供の芸術なのである。（三九六―七頁）

上演は、教育活動における大いなる創造的休憩である。子供たちの王国において上演は、古《いにしえ》の儀礼におけるカーニヴァルに当たる。最上位のものが、逆転して、最も下のものになり、古代ローマではサトゥルヌス祭〔古代ローマの祭で、十二月十七日から一週間続いた〕のあいだ主人が奴隷に仕えたように、上演のあいだ子供たちは舞台に立ち、注意深い教師たちを教導し、教育するのだ。作業中にはしばしば指導者が予感すらしなかった、さまざまの新たな力や新たな神経刺激伝達が現われてくる。子供らしい空想がこうして荒々しく解き放たれることによって、初めて、指導者はそれらの新たな力や新たな神経刺激伝達を知るのである。そんなふうに劇を演じた子供たちは、このようないくつもの上演において、自由になった。演じる〔遊戯する《シュピーレン》〕ということのなかで、彼らの幼年時代が成就したのだ。のちに涙を誘う幼年時代の追想によって非感傷的な活動を阻むことになる作業残余など、子供たちは持ち帰りはしない。この劇は、同時に、子供の観客にとって唯一役に立つ劇でもある。大人たちが子供らのために演じると、気障《きざ》な気取りが見え見えになってしまうのだ。

この児童劇には、ブルジョワジーの最近の演劇に見られる似而非《えせ》革命的な身振りを滅ぼすであろう力がある。というのも、真に革命的に作用するのは、あちこちで人びとを遂行不可能な行動へと唆《そそのか》し、劇場の出口で、冷徹な熟考が始まる前に片づけられてしまう、あの、あれやこれやの理念のプロパガンダではない。真に革命的に作用するのは、子供の身振りから語り出している、いまやって来ようとしているものの秘密の合図なのだ。

（三九九—四〇〇頁）

(21)　ブレヒトは、トレチヤコフの死の報を聞いたとき、「人民は無謬か？」という詩を書いている。

1

ぼくを教えた
偉大なひと、友情にあふれたひとが
銃殺された、人民法廷で死を宣告されて。
スパイとして。かれの名は呪われた。

かれの書物は廃棄された。かれについての会話は
嫌疑の種となり、沈黙する。
もし、かれが無実だとすれば？

……

4

敵は偽装している。
労働者の帽子をまぶかにかぶるかれを、友人たちは
熱意ある労働者として知っている。かれの妻は
穴のあいた靴底を見せる
かれが人民のために駆けまわり、はきつぶした靴を。
それでもかれは敵だ。ぼくを教えたひともそうだったのか？
もし、かれが無実だとすれば？

……

（『ブレヒトの詩　ベルトルト・ブレヒトの仕事3』編集責任＝野村修、河出書房新社、一九七二年、二七二―三頁）

(22)　ヴォルフは、一九三七年に国際旅団の医師として働くためにスペインにいこうとしたものの、三八年はフランスに留まっていた。三九年に戦争がはじまったとき、パリで逮捕され、収監された。ソ連の助けと偽造パスポートで、出国に成功。四一年にソ連国籍を取得し、モスクワに帰還した。四五年からは再びドイツで生活をはじめる。他方、ラーツィスのほうは、四一年に逮捕され、四九年まで強制収容所生活を送っていた。

(23)　ロシア革命後の内戦でも活躍したザルカは、一九三六年からルカーチ将軍と名乗り、内戦中のスペインで戦い、

第一二国際旅団や第四七分隊の指揮をとった。三七年に、車がファシスト軍の砲撃を受け、死亡した。

(24) 番号が飛んで「22」となっているが、理由は不明。「訳者解説」を参照。

(25) 「ブレヒトの演劇の中で、歌は物語の展開を中断し、観客を感情的共感から距離を取った状況の観察に連れ戻すために使われる。深刻な場面でも非現実的な明るさと活気のあるリズムで物語にちょっと皮肉なコメントを入れ、これは芝居であることを思い出させたり、この状況もいつまでも変わらないものではないと予感させる働きもあるだろう。歌は演劇の一部というよりは、前後から切り離されてそれ自体で完結しているようだ。ありふれたメロディーの断片やリズム・パターンのコレクションから必要に応じて取り出され、組み替えられる。このやりかたは、口承文化の特徴でもあり、コラージュやモンタージュのような二十世紀的な技法にも通じるところがある。」(高橋悠二)
http://www.suigyu.com/yuji/ja-text/2013/Brechtsongs.html

(26) 一九三七年から三八年にかけて、多くのラトヴィア人がスターリン・テロの犠牲となった。「ラトヴィア人狩り」は「反革命的な国粋主義的、ファシズム的組織」への参加を口実におこなわれた。一八三八年二月二日には、〈スカトゥヴェ〉の劇団員三十人強のうち二十一名がモスクワのブトヴォ演習場で銃殺されている。前年の十二月には全員が逮捕されていた。グラーズニエクスは矯正収容所送りとなり、一九四七年三月十七日に収容所で死亡。

〈ラトヴィア人・コルホーズ劇場〉も一九三七年に閉鎖され、その後ラーツィスもふくめ七名が逮捕された。

(27) ラーツィスは一九三八年初頭に逮捕され、モスクワのブトゥイルキ監獄に収監され、やがてカザフスタンでの十年間の強制労働が宣告される。

(28) ライヒは対独戦争の開始に伴い、一九四一年に逮捕された。四三年六月十五日に下された判決によれば、反ソヴィエト的な煽動活動により十年間の強制収容所生活を命じられている。四九年に解放された。

人名索引

【カ行】

【サ行】

【タ行】

【ハ行】

【マ行】

【ヤ行】

【ラ行】

【ワ行】

あとがき

アンナ・ニジニク

本書は演劇をテーマとするものであると同時に、本書それ自体が演劇になっている。演劇は、古代の哲学者たちにとって、芸術のメタファーであった。アリストテレスの『詩学』が古代演劇からの例に全面的にもとづいているように、まさに演劇を介してこそ、さまざまな芸術の違いも説明がつくというわけである。アリストテレスにとっては、古代の悲劇の本質は「自然」を模倣すること《ミーメーシス》にあった。古典古代にあっては、芸術は現実を反映しているに過ぎないと信じて疑わなかったのである。これにたいしてシェイクスピアは、言い伝えられているところによれば、時代の精神に呼応して、〈グローブ座〉での芝居のせりふに「この世は舞台」と記した。かくして、芸術を現実から区別していた堅牢な壁に、この時から亀裂が走りはじめた。十九世紀の大規模な資本主義革命のあと、演劇理論はこうした考え方をさらに推し進めていった。演劇は、演劇特有の条件性をますます失っていき、現実にいっそう似かよってくる。観客は、たんに観察者であるにとどまらず、生活の裏側を「盗み見する」（たとえば、いわゆる「新劇」のマニフェストのひとつであるストリンドベリの『令嬢ジュリー』で、台所の窓越しにのぞき見る）者となっていった。芸術としての演劇のこうした主たる特徴――生活と直接むすびつき、その諸断片を空間と時間のなかに再現すること――は、演劇を二十世紀初頭のもっとも人気ある娯楽に変え、その隆盛は映画に押しやられるまでつづいた。

二十世紀初頭のロシアにおいて文化面で活躍した者たちは、不穏な時代を生きていた。首つり自殺をしたり、自分や他人を銃で撃ったり、精神病院にはいったり、はたまたさまざまな急進的政治運動に加わったりしていた。芸術は、みずからの条件性にますます抵抗するようになっていった。一方では、ブローク作の『見世物小屋』（一九〇八年）でピエロが、額から流れているのは血でなく「ツルコケモモの汁」でしかないと言い〔芝居が条件的なものであることをみずから暴露する〕、他方では、スタニスラフスキー一座が、ヒトロフカ〔モスクワ都心の貧民街で、危険な地域〕に出かけ〔落ちぶれた人びとの生活を眼のあたりにして〕、『どん底』（一九〇二年）のリアルな上演の成功にむすびつける。これらは同一レベルの現象であって、ただ美的立場が両極に分かれているにすぎない。

革命もまた、こんなふうに受けとめられていた――のちにバフチンが明らかにするように、革命は紛うかたなきカーニヴァル的な性格をおびていた[1]。それは、前もって用意された条件的な芝居ではなく、世紀初頭の理論家の多くが待ち望んでいた宗教・儀礼的な劇であった。

劇場は会議や集会の主たる場であり、アナーキストたちも（たとえば、民衆演劇のユートピアを信じて、実際に具現化していた俳優パーヴェル・オルレネフ[2]、プロレトクリトの者たちも、白軍兵たち[3]も、煽動的な演劇的演し物にうち興じていた。

エヴゲニー・ザミャーチンは、革命後の演劇が歩むべき唯一の正しい道は、「劇場の四方の壁から野天、街頭、広場へと解放されていく道、すなわち〈街頭と広場の演劇〉へと向かう道である」と考えていた[4]。

アンナ・ラーツィスがしばしば師と呼んでいる、演出家であり演劇理論家でもあるニコライ・エヴレイノフは、群衆劇『冬宮奪取』（一九二〇）をつくりだすことによって、このような原理を現実化していた。宮殿広場とその周辺では、一九一七年十月の出来事が演劇的に構築され、上演には砲兵中隊、動員された水夫や赤軍兵など八千人が参加した。この上演は、のちに、（観客のひとりだった）エイゼンシテインの『十月』の基礎となっており、そのいくつかのシーンは、いまでは一九一七年の正史の「名刺」代わりになっている。

この群衆劇では、演劇性の歴史は歩みをゆるめている。人間が同時に演出家にも現実の出来事の参加者にもなるようめざし、また歴史創造の新しい形式へと向かおうとすることによって、演劇はまたもや芸術のかせにはめられてしまい、じつにさまざまな実用的目的に仕えはじめた。

しかしながら、現実の「演劇化」という革命的実験は、そのわずかあとに、早くもその暗黒面も見せることになる。人間の生そのものや、むろん人間の伝記も、一定の社会・政治的シナリオの支配下に陥った。それらのシナリオが全面《トータル》に及ぶものであるとまでは言えないものの、それでもやはり、二十世紀に生きた人びとの運命模様に見てとれるのは自由な即興だけではない。たんに演出家が干渉するというにとどまらず、国家に仕える立腹した検閲官の干渉が見てとれる。こうした干渉は、『赤いナデシコ』にも容易に認められる。ときとして、ノスタルジーで美化された回想よりも不整合や沈黙のほうが多くのことを物語っている。

*

アンナ・エルネストヴナ・リエピニャは、一八九一年十月十九日、現ヴィゼメ県[5]のリーガトネ市近くで生まれた。リエピンシュ家は貧しかった。父は小規模の手工業労働に携わり、母は布を織ったり、染色していた。父は、信仰深く古風な母の抗議にもかかわらず、娘が教育を受けるよう主張した。こうして、アンナは、将来ラトヴィア共和国文部大臣となるアティス・ケーニンシュが校長をしていた、リーガのギムナジウムに入学する。

アンナと同年齢のオシプ・マンデリシタム〔一八九一―一九三八〕は、『時のざわめき』〔一九二五年〕のなかでその時代の感覚を的確に伝えている――ニーチェ的な芸術的反乱や凝り過ぎた官能性を伴う、西欧をまねた生熟れの象徴主義が、耳をつんざくような流行の社会主義や新しい保守的理論と奇妙に入り混じっていた。若きラーツィスも似たような道をたどった。ともに当時の進歩的な若者が夢中になっていたメーテルリンクとプシビシェフスキのあいだ、政治犯のためにお金を寄贈していた父が教えてくれたベーベルとダーウィンのあいだの道を。

一九一二年、アンナ・リエピニャはベフテレフ精神神経医学大学（女性の入学が許されていた二つの高等教育機関のうちのひとつ）に入学し、一九一四年にアンナ・ラーツィスとなった。このケースとまったくおなじように、数学者ソフィヤ・コヴァレフスカヤ〔一八五〇—九一〕も、革命家アレクサンドラ・コロンタイ〔一八七二—一九五二〕も、その他の多くの女性たちも、社会の要請に譲歩する一方で、両親の監視下よりも夫といっしょのほうが手に入れやすかった自由を獲得することを期待して、結婚していた。夫のユーリース・ラーツィスについてアンナは淡々と語っているが、夫とは関心の抱きどころが画然とちがっていた。この結婚は、党専従職員と演劇人に共通点がほとんどないことが判明した一九一九年に破綻した。

一九一五年には、モスクワの激動の文化状況に鼓舞されたラーツィスは、ヴェーラ・コミサルジェフスカヤの弟で、著名な演出家フョードル・コミサルジェフスキーの演劇スタジオに通うようになった。コミサルジェフスキーの演劇観はスタニスラフスキーに近かった。

しかし一九一七年後、演劇状況は一変した。ラーツィス本人の表現によれば、「メイエルホリドは赤軍の制服を身に着け、しばしば労働者や兵士をまえに演説していた。かれは「新しい芸術の兵士」や「演劇の十月のリーダー」と呼ばれていた」。演劇はプロパガンダという目的に仕えねばならないことが明らかになった。一九一八年にはラーツィスはオリョールに赴き、孤児院の子どもたちと浮浪児たちからなる児童劇場を組織する。

一九二〇年にはラトヴィアにもどり、リーガの左翼労働組合の創意で設立された人民大学で、演劇の上演にたずさわる。アマチュアの俳優——労働者の活動分子や学生——からなるこの人民劇場は、野外での群衆劇にも取り組んだ。そうした上演のひとつ——本格的な政治的スローガンを伴ったカーニヴァル的行進――には、五千人もが集まった。これは大衆が「インターナショナル」を歌う集会で締めくくられたが、その直後、アンナ・ラーツィスを含む組織者全員が逮捕された。彼女は一カ月にわたり監獄に拘留され、夜ごと囚人が殴られる音を耳にすることになるが、その後釈放された。

ただし、リーガでこれ以上働くことは不可能だった。そこでラーツィスは、ドイツへと旅立ち、そこで、彼女の人生を決定づけたひとたち――将来の夫ベルンハルト・ライヒ、さらにはエルンスト・トラー、ベルトルト・ブレヒト、リオン・フォイヒトヴァンガー――と知り合うことになる。そこは、ソヴィエトの若き演出家にとって格好の場所であった。ベルリンでは、謎めいた、革命下のモスクワ、およびその新しい芸術、タイーロフ、メイエルホリド、スタニスラフスキーをめぐる話に花が咲いた。ラーツィスは、エドワード二世に関するブレヒトの芝居に、助手や女優として参加までもしている。

ベンヤミンとラーツィスが知り合ったのは、一九二四年、カプリ島においてであり、この出来事のあと、ラーツィスは「アーシャ」として歴史に名を残すことになる。もっとも、これ以降も長きにわたる人生を過ごしたのだが。ラーツィスは、自分の回想録を出版するまえに『モスクワ日記』〔一九八〇年〕を読むことができなかった。そればかりか、手紙からも明らかなように、自分の回想録に強い影響をおよぼすこともできなかった。彼女はすでに病状が重く、ほとんどなにも見えていなかった。したがって、ベンヤミンが語った言葉は、応答なきままにおわっている。回想録ではラーツィスは、これ以上なく慇懃な態度をとっており、ベンヤミンについて、社会主義のことを詳しく教えてあげた友であり同志として語っている。

ラーツィスは、ドイツ文化とソヴィエト文化の関係に実際に大きな影響をあたえた。ベッヒャーやトラー、ピスカートア、エルヴィン・キッシュに労働組合（モスクワ州労働組合評議会）の演劇のことを教えたり、ジガ・ヴェルトフをクラカウアーに紹介してベルリンに「キノキ」を持ってくるのを助けている。またブレヒトを（ブレヒトが「師」とすら呼んでいた）[6]セルゲイ・トレチヤコフに引き合わせたり、ビーリ＝ベロツェルコフスキーをフランクフルトで上演するよう勧めたりもしている。その最期までラーツィスは、「ドイツにおけるソ連邦のプロパガンジスト」と自称して憚らなかった。一九三八年にその身に起こったことにもかかわらず。

三〇年代初頭にはラーツィスは、ラトヴィア人劇団〈スカトゥヴェ〉とともに、演出家として働くことになる。ソ連邦に亡命したコミュニストのラトヴィア人たちが結成したこの劇団は、モスクワのラトヴィア人ディアスポラのあいだで大成功を博し、一九三三年にはロシア連邦共和国最高の民族劇団と認定されたほどであった。ラーツィスは、ここでブレヒトやビーリ＝ベロツェルコフスキー、フリードリヒ・ヴォルフ——反ファシズムや社会主義の劇——を上演していく。

ところが一九三七年になると、ラトヴィア人にたいする粛清が開始され、劇場の芸術監督オスヴァルド・グラーズニエクスが「一九三四—三五年にラトヴィア人劇団〈スカトゥヴェ〉の俳優たちが創設した、ラトヴィア人の反革命的、国粋主義的ファシスト組織に所属」の廉で告発された。[7]一九三八年二月三日には劇団の俳優全員（「不滅のバラック」のデータによれば三十二名）[8]がブトヴォ演習場で銃殺された一方、ラーツィスは逮捕された。なぜ彼女にたいしほかの者たちと同様に死刑の判決が下されなかったのかは、謎である。たぶん、高位の者の庇護によって助けられたのであろう。二〇年代初頭にリーガで、彼女の友人たちが内務大臣にまで頼みにいってくれたのとおなじように。ラーツイスは、〈スカトゥヴェ〉の幾人かの仲間に言及している。マリヤ・レイコ（ヨーロッパの諸劇場のスター。「彼女はモスクワにやってきて、ここに永住することになる」）、ヤーニス・バルタウス、オスヴァルド・グラーズニエクス。

ラーツィスの娘ダグマーラ・チメレは、「母は一九三八年一月十二日に逮捕されました。当時アーシャが働いていたラトヴィア人劇場〈スカトゥヴェ〉で、人びとが逮捕されはじめました。このことについてはおおっぴらには語られることなく、かれらはただ消えていくばかりでした。次から次へと」と書いている。[9] ライヒは、アーシャが反ソヴィエト組織といっしょに活動していたという届出に、署名するのを拒んだ。これにたいするライヒの回答が、芝居『マリア・シュトゥーアルト』〔シラー作。一八〇〇年〕からの印象をもとに一九四〇年に書いた論考「古典はつねに現代的である」であり、そこではかれは、マリア・シュトゥーアルトを不当な政治裁判の犠牲とみなすよう提案していた。一九四三年には、ライヒもカザフスタンに流刑されてしまう。

こうしたことについては、アンナ・ラーツィスの回想ではほとんどなにも語られていない。十年間の拘留と流刑も、さらには熱愛する夫の逮捕も、「一九三七年が訪れた。わたしとライヒは、長きにわたって別居することになった。十年間、わたしはカザフスタンでクラブのアマチュア活動を指導した」という短い文章に収められてしまっている。

一九四八年に彼女の写真が撮られている——前びさしの硬い男性用帽子をかぶり、コートを着て、凍えたように張りつめた女性。写真にはラーツィス、五十七歳と記されている。流刑のあと、彼女は、すでにソ連邦構成国家となっていたラトヴィアにもどり、ヴァルミエラ市の劇場で演出主任をつとめ、その後リーガに移っている。一九五一年には、十三年も会えずにいたライヒとついに会えた。

以上が、アンナ・ラーツィスの生涯のあらましである。もっとも、アンナ・ラーツィスが書いたわけではけっしてないのだが。本書『赤いナデシコ』のもとになっているのは、演劇活動家をめぐる彼女の回想録『職業革命家――プロレタリア演劇、メイエルホリド、ブレヒト、ベンヤミン、ピスカートアについて[10]』(一九七一年、ミュンヘン)と、ラーツィスがアレクサンドラ・イヴァノヴナ・マリツェヴァにライヒについて語ったインタビューである。[11] 健在だった幾人かの友人のひとり、演劇学者アレクサンドル・フェヴラリスキーに宛てた手紙のなかで、ラーツィスは憤慨していた。「なんと、アロノフは、わたしの自伝をリーガ出版にクリュエフ編というかたちで渡し、〈ユーリー・カラガチの文学ノート〉と書き加えました〔カラガチはソヴィエト・コミッサールをめぐる意気高らかな読み物『コミッサールは世界を守る』の作者――原書編集部注〕。手稿を見てみると、わたしにとってひじょうにたいせつなことがすっかり削除されてしまっています[12]」。ラーツィスは、ついに本の最終的な仕上がりを眼にできないまま亡くなった。『赤いナデシコ』が初めて出版されたのは、一九八四年、リーガの出版社「リエスマ」(元の「ラトヴィア国立出版」)においてだった。それには、ラトヴィア・ソヴィエト社会主義共和国の人民作家アルヴィーツ・グリグリスによる、政府寄りの威勢のいい前書きが添えられていた。双方の本とも、時代の注文に応えていたのである。人びとにワイマール共和国の左翼文化を知らせる必要があったのであり、ラーツィスはまさに不可欠な証人であった。スーザン・イングラムが指摘しているように[13]、ドイツ語版の自伝ではラーツィスは、自分が幸運にも身近にいることになった偉人たちの人生の慎ましやかな証人ということになっており、出来事の直接的な参加者にはなっていない。この場合皮肉なことに、ラーツィスがこれらの偉人と知り合った頃は、かれらとて彼女とたいして違いはなかったのであり、芸術のために人生を送っていた多くの人びと抜きにはブレヒトの革新的試みも、ベンヤミンのエッセイもあり得なかったであろう。

ソヴィエト版のほうには、ライヒに関する回想がはいっている。その死後も、ライヒをラーツィスはとても恋しがっていた。ソ連作家同盟の指導部がライヒの死を軽視し、『文学新聞』の小さな記事でしかとりあげなかったとき、ラーツィスは、指導部が犯した過ちを訂正せんがために、部分的に回想を口述し書きとらせようとすらした。アレクサンドル・ドゥイムシツ（ブレヒトの著作の翻訳者）にこのことを訴えた。ラーツィスがライヒ亡きあとの人生について語っている晩年の手紙には、とても胸を打たれる。彼女はほとんどなにも見えない状態で、大きなルーペの助けを借りて書いており、嘆き悲しんでいる――「まるで、わたしのライヒがわたしの魂を持ち去ってしまい、わずかのかけらだけ残ったそれがもがき、苦しんでおり、かれのもとへと行けずにいるかのようです[14]」。

回想録を残すことのできた人たちの人生は、演劇の演出に似かよっている。実際の体験が演出家のつくりごとに従っている。歴史そのものがつくりごとになっている。この演出家は残酷だった（アルトーが人間の生活のメタファーとして残酷の演劇をつくりだしたのも、理由なきことでない）。上演には、ロマンティックな主人公たちだけでなく、懲罰機関の無能な端役たちも加わっていた。ラーツィスの回想は、語るというより、むしろ沈黙している。芸術活動家たちの名を順に生真面目に挙げていくどの場合においても、陰では悲劇《ドラマ》が繰り広げられていた。メイエルホリドとトレチヤコフは銃殺され、ベンヤミンは自死で命をおえ、エヴレイノフとコミサルジェフスキーは亡命した。革命の演劇は、スペクタクルの社会〔マスメディアの発達とともに情報消費社会へと移行し、生活がメディア上の表象としてしか存在しなくなった状況〕に取って代わられ、いまでは回想録でしか見ることができない。回想録だけが、社会的爆発としての芸術が可能であることを思い起こさせてくれる。まさにそのような芸術を、ラーツィスは創造しようとしていた。本書の登場人物のひとり、政治演劇の児童劇団でいちばん幼い俳優が、「大きくなったら、なにになるの？」という質問に、「ぼくは爆弾になるんだ！」と答えた。世界を変えるためには根本的に別のものになる――この点にこそ、アンナ・ラーツィスとその同時代人にとっての芸術の意味はあったのだ。

［原註］

（1）Бахтин М. М. Дополнения и изменения к «Рабле» // Вопросы философии. М., 1992. № 1. С. 134-164.〔「《ラブレー》の増補・改訂」杉里直人訳（『ミハイル・バフチン全著作・第七巻〔フランソワ・ラブレーの作品と中世・ルネサンスの民衆文化〕』水声社、二〇〇七年、六一九―六八四頁）〕

（2）Гольдман Э. Проживая свою жизнь. Автобиография в 3-х т. Т. 2. Радикальная теория и практика, 2016 С. 63-79.

（3）Ципкин Ю. Н. Белое движение на Дальнем Востоке России и его крах, 1920-1922 гг.: диссертация ... доктора исторических наук - Хабаровск, 1998.

（4）Замятин Е. И. Современный русский театр (1931) // Замятин Е. Собрание сочинений в 5-х т. Т. 4, С. 229.

（5）一九一八年〔十一月十八日〕にラトヴィア人民評議会は、ラトヴィア共和国の創設を宣言した。ほぼ同時に〔十二月十七日に〕、レーニンの布告にもとづき、独立したラトヴィア・ソヴィエト共和国となった。その後一九四〇年にソ連邦の一員に加わった。〔一九二〇年頃から一九四〇年頃までのラトヴィアの複雑な歴史については、志摩園子（編著）『ラトヴィアを知るための47章』明石書店、二〇一六年、五三―五八頁を参照〕

（6）«Мой учитель, // Огромный, приветливый, // Расстрелян по приговору суда народа...» Брехт Б. Театр: В 5 т. М.,

1963-1965. T 5/1, C. 481.

（7） Проект «Последний адрес». URL: https://www.poslednyadres.ru/ news/news449.htm

（8） «Расстрелянный театр Скатуве» URL: https://bessmertnybarak.ru/article/rasstrelyannyy_teatr_skatuve/

（9） Beāte Paškevica. Гражданское мужество театроведа Б. Рейха в интерпретации пьесы Ф. Шиллера «Мария Стюарт» в Советской России времён массового террора // *Literature, folklore, arts. Scientific papers*, University of Latvia, 2004. Vo1. 666. C. 108.

（10） Revolutionär im Beruf: Berichte über proletar. Theater, über Meyerhold, Brecht, Benjamin u. Piscator.〔この後の一文は読者に誤解を招きかねない。実際には、『赤いナデシコ』と『職業革命家』のあいだには、とりあげている人物・事象にかなりの違いがあり、内容も『赤いナデシコ』のほうが格段に豊かである。また、新たに加わった部分にしても、ライヒについてのインタビューだけでなく、ラトヴィア関係の演劇について触れた部分も大幅に増えている〕

（11） РГАЛИ, ф. 2437 оп. 3 ед. хр. 559. Письма Лацис Анны Эрнестовны к А.В. Февральскому. 10 октября 1974 г.

（12） Там же, 5 ноября 1977.

（13） Susan Ingram, Zarathustra's Sisters: Women's Autobiography and the Shaping of Cultural History, University of Toronto Press, 2003. p. 79.

（14） РГАЛИ, ф. 2843 оп. 1 ед. хр. 1424. Письма Лацис Анны Эрнестовны к А.Л. Дымшицу. На русском и немецком языках. 3 июня 1972 г.

訳者解説

本書はАнна Лацис, *Красная гвоздика*, Издание книжного магазина «Циолковский», Москва, 2018. を翻訳したものである。一九八四年にラトヴィア・ソヴィエト社会主義共和国（一九九一年よりラトヴィア共和国）のリーガ市の出版社「リエスマ」から公刊された同名の書に加えて、アンナ・ニジニクによる「あとがき」が添えられている。そのほか、原書にはラーツィスとベンヤミンの共著のエッセイ「ナポリ」（一九二五年、ドイツ語で発表）のロシア語訳も収録されているのだが、すでに日本語訳が二種類存在しているところに、新たにロシア語経由の日本語訳を加えるまでもあるまいと考え、版元の了解を得て省略した。

なお、今回訳した版は、一九八四年にリーガで出版された版とくらべると、挿入図版がかなり入れ替えられているが、テクスト自体に異同はなく、いわばリプリント版である。一九八四年版は、ラトヴィアの読者を念頭においてであろうが、ラトヴィアでの演劇活動に関係する図版が数多く収められていたのにたいして、今回の版は、ニジニクの「あとがき」からもうかがえるように、ロシアやドイツの前衛演劇や政治演劇との関係に重きをおいた選択がなされている。

訳者は、一九八四年版を入手したときから、翻訳出版の機会をうかがってはいたのだが、「アンナ・ラーツィス」の知名度を考えると踏ん切りがつかずにいた。思い切って水声社の鈴木宏社主に相談し快諾をいただいたのが二年近くまえであったが、版元の「リエスマ」が二〇〇一年に解散していることもあって著作権の確認に時間がとられていた。そうしたなか、思いもかけず、ロシアの書店「ツィオルコフスキー」が本書を二〇一八年に再刊しているとの情報を得て、ここから翻訳権を取得した次第である。ここの出版部は稀覯本の再刊にも力を注いでいる。

一方、翻訳過程で知ったのだが、二〇一〇年代後半以降、ラーツィスをテーマとした国際会議が開催されたり、研究書も出ているほか、雑誌で特集号が組まれている。それらの資料の一部は訳注にも活用させていただいた。ただ、母国ラトヴィアで刊行されている資料は、娘ダーガの回想録を初めとしてラトヴィア語で書かれているものが多く、遺憾ながらいまのところ訳者としては力不足で手を付けられずにいる。

＊

さて、冒頭でも触れたように、アンナ・ラーツィス（一八九一―一九七九）はベンヤミンと共著でエッセイを書き、児童劇場論に共同で取り組んでいる。ベンヤミンが愛した女性であると同時に、ベンヤミンをマルクス主義へと導いた女性としても知られている。ただし欧米や日本では、名前のアンナではなく愛称のアーシャで知られているため、本書の著者と同一人物とは思われないおそれがある。そのことも考慮して、訳者としては、原書にはない副題「《職業革命家》アーシャの回想録」を添えておいた。

本書は、ベンヤミンとの関わりが中心をなしているわけではないが、まずはベンヤミン絡みの話に少しだけ触れておこう。

というのも、いまなお普及している「アーシャ・ラーツィス」像は、ベンヤミン側からの「男性中心主義」的視点に貫かれたものであり、どう見ても不公正としか言いようがないからである。

こうしたラーツィス像は、主として次の三点をもとにつくりあげられている。

一、ベンヤミンが友人ショーレムに宛てた書簡。

二、一九七一年にドイツで刊行されたアーシャ・ラーツィス『職業は革命家』（アンナではない！）。この本はフランス語、スペイン語、イタリア語にも訳されているほか、ドイツで七六年に改訂版も出ている。

三、ラーツィスが亡くなった一年後の一九八〇年に出版されたベンヤミンの『モスクワ日記』（邦訳は『モスクワの冬』藤川芳朗訳、晶文社、一九八二年）。

以上に加えて、いやそれ以上にラーツィス像の形成に大きな影響力を及ぼしているのはショーレムの発言である。当初よりラーツィスからのベンヤミンへの影響を快く思っていなかったショーレムは、『職業は革命家』について「内容にかんしても、日時にかんしても、まったく信頼できるとはいいがたい。著者はスターリンの治下で多年収容所に入れられていて、手紙などもなくしていたから、その回想にはいくぶんか、ずれが生じているわけだ」と『わが友ベンヤミン』の中で決めつけている（野村修訳、晶文社、一九七八年）。また、『モスクワ日記』に付した「まえがき」においては、ラーツィスの「知的側面」が『モスクワ日記』からは感じられないとまで書く始末である。

だがどうだろうか。実際には、ラーツィスは母語のラトヴィア語のほかロシア語、ドイツ語で何冊かの著書を公刊し、演劇、映画等に関して百点ほどの論考を書いているのである。

それを知ってか知らずか、面識もない人物にここまでショーレムが否定的なのには、ベンヤミンをユダヤ神秘主義者にとどめおきたかったという背景があったにせよ、異様な感は否めない。にもかかわらず、ショーレム風のラーツィス観は流布してしまっている。

その理由はきわめて簡単である。アンナ・ラーツィスが何者であるかがほとんど知られていないのである。こうした謬見は、本書によってかなり訂正されるものと期待される。本書からだけでも、演劇や映画を中心とした革命家ラーツィスの活動の中に、飽くなき探求心やすぐれて実践的な知性を見てとるひとは、けっして少なくあるまい。

ちなみに、前述のように、本書の中ではベンヤミンは中心人物というわけではけっしてないのだが、本書からうかがえるラーツィスのベンヤミン観も興味深い。自他ともに認めるコミュニストのラーツィスからすれば、ベンヤミンは才能豊かで魅力的な人物であったにせよ、共に闘える人物ではなかったようだ。ラーツィスが連帯感をいだいていたのは、まずは五十年間のパートナーであったライヒであり、次いでブレヒト、ライツェンス、ピスカートアである。かれらは「同志」だったのにたいし、ベンヤミンは「友」であり「生徒」だった。

本書のなかの一節、「のちにベンヤミンは理解するのだが、ライヒにとって基本的なことは、自分の思想への信頼であって、かれは思想のためには、個人的な平凡な暮らしを犠牲にして、自分自身のことは完全に忘れていたのである。ライヒのこうした取り憑かれようには、ベンヤミン自身も惹かれていた」は、象徴的である。

＊

つぎに、ショーレムが難癖を付けている『職業は革命家』についても手短に触れておきたい。

書名Revolutionär im Berufは「職業革命家」とも「革命家を職業として」とも訳せよう。副題は「プロレタリア演劇、メイエルホリド、ブレヒト、ベンヤミン、ピスカートアについて」となっている。全体は二部構成になっており、第一部は「さまざまな都市と人びと」、第二部は「ドイツの革命演劇」と題されている。『赤いナデシコ』と内容が重なるのはもっぱら第一部である。この部分は、一九六〇年代後半にドイツの『アルタナティーヴェ』誌や『ジン・ウント・フォルム』誌に載せた回想や編集者宛ての書簡、さらにはエッセイ「ナポリ」、ベンヤミンの「プロレタリア児童劇のプログラム」から構成されているが、『赤いナデシコ』とくらべると自伝的情報は半分ほどしかない。

また、とりあげている人物や作品にかなりの相違が見られる。たとえばアリストファネス、セルバンテス、セザンヌ、エクステル、アンドレーエフ、ペフツォフ、コロンタイ、バーベリその他は、『職業は革命家』にしか登場しない。作品にしても『大地は逆立つ』、『贋金つくり』等々も出てこない。

ディテールの違いも随所に見られる。

たとえばベンヤミンとのカプリ島での最初の出会いのシーンで、『赤いナデシコ』では「わたしが自分の名を告げると、袋を家まで届けさせてくださいといってくれたが、袋はかれの両手からするりと抜け落ちてしまった。二人とも大笑いだった」とあるが、最後の一文は『職業は革命家』にはない。ベンヤミンが本を贈ろうとしたシーンは『職業は革命家』では、『赤いナデシコ』とはちがって、「しかしわたしがかれにこの小さな本を返すとしても、かれはとても受け取りそうにない。そのとたん、いい考えが思いついた。わたしはその本、「百マルクでいいわ」と言った――かれは即座に財布をとりだした」と記されていた。

このような調子で、ラーツィスの父や（とくに）母の描写、最初の夫ユーリースとの結婚と離婚のいきさつ、当人の病状、マリネッティ夫人の衣裳の色など、細かな違いが数多く見られるのだが、基本的には、『赤いナデシコ』は『職業は革命家』を訂正・追加したかたちになっている。もっとも、『赤いナデシコ』とてラーツィスの記憶違いがないとは言い切れないのだが。

そのうえ、聞き取りを中心にしたこの回想録は、当人の最終チェックがなされないまま公刊されてしまっている。第十四章からいきなり第二十二章に跳び、そのあとに第十五章がきて締めくくられているが、はたして第十六章から第二十一章にあたる部分があったのかどうかは、不明なままである。第七章が繰り返されているのも不自然である。また、各章内部でも、話が不自然に別の話題に移っている箇所が散見される。こうしたことからすれば、資料として使うには事実関係をさらに検証する必要があろう。

なお、ラーツィスが『赤いナデシコ』にとりかかったのは、ライヒが亡くなった一年後の一九七二年とされている。

*

さて、『赤いナデシコ』では、そのライヒとの晩年の生活を描いた麗しい部分と、モスクワでのラトヴィア人演劇とラトヴィアのヴァルミエラでの劇場体験を扱った部分が、大幅にふえている。ことに後者が占める分量は多い。リーガでの政治演劇の試みも含めラトヴィア演劇については、おそらくほとんどのひとが初めて知るような事実の連続であり、ただちに興味を覚えるというわけにはいかないかもしれない。見聞きしたことのない固有名が多いことも、親しみにくさに輪をかけそうな気がする。私自身も訳にとりかかるまではそのような印象を漠然と持っていたのだが、訳していくうちに、しだいにラトヴィア演劇の関係者たちの並はずれた問題意識や戦闘精神、それにもとづいたさまざまな工夫に感服するようになった。その一方での、「ラトヴィア・ブルジョア政府」からの弾圧、さらにはスターリンによる粛清。そうしたラトヴィア演劇の栄光と悲惨は、もっとくわしく調べてみなくてはなるまい。ただし、ことプロレタリア演劇となると、今日支配的なラトヴィア演劇「正史」からは軽視されていることが十分予想され、そう簡単ではなさそうだ。

そうした点も含めて、『赤いナデシコ』の第一の魅力は、『職業は革命家』とくらべて、観察者としてのラーツィスではなく、革命活動や創作活動の実践者としてのラーツィスが前面に出ていることにあると言えよう。

この点をこそラーツィスもとくに強調したかったのか、本書全体は第二章以降がほぼ年代順になっているのにたいして、第一章には、一九一八年から二〇年にかけてのオリョール市における情操教育児童劇場をめぐる回想をもってきている。「それは、通常の理解での劇場とはちがっていた。わたしたちが目的としていたのは、子どもたちの生来の能力や才能を見つけだすとともに、想像力や観察力、聴覚を発達させ、さらには機敏さを鍛えあげることだった。子どもの中に詰まっているものすべてが、もっと輝かしく、力強く開花してほしかったのである」と、ラーツィスは述べている。「演劇学校の基本は、相互扶助原理にあった」とも言う。「自主的集団性」が重視されていた。こうした目標に適った試みが「即興劇」であり、「カーニヴァル」であった。

ラーツィスは、上演を終えても変装したまま帰途についた子どもたちが、観客や通行人たちとともにおのずとつくりあげていったカーニヴァル的行進について、「このすばらしいひとときを、わたしは演出家になってからも何度も思いだしたものである。それは、生命の源泉として、わたしの心の糧になっていた」と述べているが、こうした「祝祭」や「即興」は、児童演劇にかぎらず、その後のラーツィスの演劇活動全般において、俳優と観客がたがいに能動的に対話し学んでいくための重要な要素となっていく。また、「子どもの中に詰まっているものすべてが、もっと輝かしく、力強く開花してほしかったのである」との思いは、そのまま一般の演劇にも活かされていくことになる。アジプロ演劇においても、その点は変わらない。

ただし、ラーツィスの演劇観は、「教育」「啓蒙」的側面を重視するものであったとはいえ、演劇特有の約束事（演劇にしかできないこと）をも考慮に入れていた。それも関連して、ロシアの演出家については、師のコミサルジェフスキー以上に、メイエルホリドやタイーロフ、エヴレイノフを高く評価していた。ロシア・アヴァンギャルドを代表する演出家たちである。これら三人の演劇はそれぞれに個性豊かなものであり、ましてやロシア革命との関係まで考慮すると、とうていひとくくりにできるものではないが、ラーツィスはかれらの試みの斬新さ、実験精神に共鳴していた。新しい内容を表現するためにこそ新しい形式が必要なのであるとも述べている。革命をめざして政治演劇、アジプロ演劇を実践する一方で、そのための形式を探求しつづけていったのが、ラーツィスであった。

当然、スタニスラフスキーに代表されるような自然主義的流派には批判的だった。文学においても同様であって、本書にも出てくるように、前衛詩人を目の敵にするラップに当人は所属しながらも、芸術独自の表現をも重視しており、マヤコフスキーを高く評価していた。やがては、教条主義的なラップとは袂を分かつことになる。

本書の随所に出てくる演劇観からすれば、ラーツィスはメイエルホリドとタイーロフ、それにブレヒトをひときわ尊敬していたものと思われる。とくにメイエルホリドやタイーロフがめざした「万能の俳優」の育成、無駄な舞台装置の撤廃、観客との討論、ブレヒトが唱えた「異化効果」は、ラーツィスの実践のなかに独自のかたちで活かされていた。懇意にしていたブレヒトからは、「異化効果」にかぎらず、社会批判精神に富んだ数多くの手法を学んだにちがいない。

*

そのブレヒトにたいしてだけでなく、出会ったさまざまな人にたいするラーツィスの眼差しは鋭利であると同時に優しい。外見の描写だけでも、相手にたいする敬意が十分にうかがわれる場合が少なくない。さまざまな場面で救ってくれた人たちそれぞれへの感謝の念も、その都度しるされている。

ただその一方では、こうと決めたら後には引かない頑強さもすでに十代のときから幾度も発揮されている。たとえば、演劇を学ぶためにはモスクワであれ、ベルリンであれ、どこへでも旅立っていく。夫ユーリースが止めても、親友リナルツ・ライツェンスが止めても、むだであった。

こうした傾向は、革命志向の者たちとの出会いと共同作業を繰り返すなかでますます強化され、やがては「わたしは新しい不慣れなものに夢中になる傾向があり、困難を克服するのが好きだった。その代わり、勝利はほんものの喜びをもたらしてくれた」と述べるまでに至っている。

と同時に、本書からもおわかりのように、そうした挑戦精神を活かすための向学心も旺盛だった。早くから、演劇だけでなく読書にも熱中していた。では、外国語の才はどうだったろうか。ある証言によれば、ドイツ語を話しても、ロシア語を話しても、やや不自然だったとのことであるが、たとえそうだったとしても、ポリグロットとしてロシア、ドイツ、ラトヴィアの各地で活動しただけでなく、それらの国のあいだの文化交流にも大いに貢献したことはまちがいない。まさに多文化主義を体現していたと言えよう。

こうして、本書全体を通して浮かびあがってくるのは、ゆるぎない闘争心としなやかな思考力を持ち合わせていた一女性の姿である。それは、一九二〇年代前後のドイツやロシアに特有の「解放された女性」、「新しい女性」の一例であったのかもしれない。

*

最後に、ラーツィスの年表を掲げておきたい。いくつかの資料を重ね合わせてみると、年数表記が相異なる場合もあったが、もっとも妥当と思われる年数を選ぶことにした。本書の中でラーツィス自身が語っている年数とずれている箇所もある。

一八九一年　十月十九日、当時ロシア帝国のリーガトネ市近郊の村に生まれる
一八九八年　リーガ市に移住
一九〇七年　ギムナジウム入学（〜一二年）
一九一二年　ベフテレフ精神神経医学大学（〜一三年）
一九一四年　リーガに戻る。ユーリース・ラーツィスと結婚（一三年説もあり）

一九一五年　モスクワに出て、モスクワ市立市民大学の聴講生となる
一九一六年　夜間にコミサルジェフスキー・スタジオ（〜一八年）に通う一方、昼間は小学校教員としても働く
一九一八年　オリョール市で情操教育児童劇場を創設・指導（〜二〇年）
一九一九年　ユーリースと離婚（その後も姓はラーツィス姓を名乗る）
一九二〇年　リーガで左翼演劇活動に携わる（〜二二年）
一九二一年　逮捕され、一カ月監房生活
一九二二年春　ドイツ演劇に学ぶべく、ベルリンへ赴く。生涯のパートナーとなるベルンハルト・ライヒと出会う
一九二三年秋　ミュンヘンに移り、ブレヒトと出会う。演出助手をつとめる。その後もブレヒトとの交流は生涯つづく
一九二四年春　娘ダーガの療養のため、イタリアのカプリ島に滞在。ライヒは演出の仕事でドイツにもどる。ベンヤミンと知り合いになる
一九二四年秋　ライヒの仕事の関係でドイツに戻るが、途中でライヒとパリで待ち合わせ、しばらく滞在
一九二五年　ベンヤミンとの共著のエッセイ「ナポリ」が『フランクフルト新聞』に掲載される。ベルリンに到着。ライヒとブレヒトが演出した『椿姫』に出演
一九二五年秋　リーガに戻り、政治演劇の演出等に携わる。十一月にベンヤミンがリーガにや

ってくる

一九二六年春　ライヒがモスクワに到着。やがてソ連永住を決める。アンナは、逮捕を避けてリーガからモスクワに脱出

一九二六年秋　児童広場での催しを指導した直後、病院に入院、のちに療養所に移る

一九二七年　十二月、ライヒから病状を知らされたベンヤミンがモスクワにくる

一九二八年　学校外教育監督官として活動するなか、十一月には児童映画館開設に成功

学習映画の調査で三カ月の予定でベルリンに出張。しかし通商代表部の映画部門で長く働くことになる（～三〇年）。十二月から翌年一月までベンヤミンの家で暮らす

一九三〇年　モスクワに戻り、教育人民委員会映画部門で働く。国際革命演劇同盟で活動するようになる。ピスカートアの映画製作の助手（～三四年）

一九三二年　全ソ国立映画大学シナリオ学部に入学（～三四年）。ブレヒトが初めてモスクワにくる

一九三三年　モスクワのラトヴィア人劇場〈スカトゥヴェ〉の演出担当になる

一九三四年　国立演劇芸術研究所演劇学部の大学院に入学

一九三五年　スモレンスクの〈西部地方ラトヴィア・コルホーズ劇場〉の演出を兼任

一九三七年　〈スカトゥヴェ〉と〈西部地方ラトヴィア・コルホーズ劇場〉が閉鎖される

一九三八年初頭　逮捕され、モスクワのブトゥイルキ監獄に収監され、やがてカザフスタンでの

一九四八年　十年間の強制労働が宣告される
一九五六年　保釈後、〈カラガンダ・ロシア・ドラマ劇場〉でしばらく働いたあと、ラトヴィアのヴァルミエラ市の劇場で活動を開始
一九五七年　公式に名誉回復
一九六八年　劇場活動から離れる。ラトヴィア作家同盟ドラマトゥルギー・批評セクションの仕事はつづける
一九七九年　ベルリンのブレヒト記念会議にライヒと出席
十一月二十二日、リーガにて死去

＊

本書刊行にあたっては、「ツィオルコフスキー」書店との翻訳権交渉の段階に始まり、完成に至るまで一貫して、編集部の板垣賢太さんにたいへんお世話になりました。心から御礼申し上げます。

二〇二〇年十一月　桑野隆

訳者について――

桑野隆（くわのたかし）　一九四七年、徳島県に生まれる。東京外国語大学大学院修了。東京工業大学、東京大学、早稲田大学でながく教鞭をとった。専攻、ロシア文化・思想。

主な著書には、『民衆文化の記号学』（東海大学出版会、一九八一年）、『未完のポリフォニー』（未來社、一九九〇年）、『夢みる権利』（東京大学出版会、一九九六年）、『危機の時代のポリフォニー』（水声社、二〇〇九年）、『二十世紀ロシア思想史』（岩波書店、二〇一七年）、『増補　バフチン』（平凡社ライブラリー、二〇二〇年）、主な訳書には、バフチン『マルクス主義と言語哲学』（改訳版、未來社、一九八九年）、シクロフスキイ他『レーニンの言語』（水声社、二〇〇五年）、ボガトゥイリョフ『衣裳のフォークロア』（共訳、せりか書房、二〇〇五年）、タチヤナ・コトヴィチ『ロシア・アヴァンギャルド小百科』（監訳、水声社、二〇〇八年）、『ヤコブソン・セレクション』（共訳、平凡社ライブラリー、二〇一五年）、オリガ・ブレニナ＝ペトロヴァ『文化空間のなかのサーカス』（白水社、二〇一九年）などがある。

装幀——西山孝司

赤いナデシコ

――《職業革命家》アーシャの回想録

二〇二〇年一二月二五日第一版第一刷印刷　二〇二一年一月一五日第一版第一刷発行

著者――アンナ・ラーツィス

訳者――桑野隆

発行者――鈴木宏

発行所――株式会社水声社

東京都文京区小石川二―七―五　郵便番号一一二―〇〇〇二

電話〇三―三八一八―六〇四〇　FAX〇三―三八一八―二四三七

［編集部］横浜市港北区新吉田東一―七七―一七　郵便番号二二三―〇〇五八

電話〇四五―七一七―五三五六　FAX〇四五―七一七―五三五七

郵便振替〇〇一八〇―四―六五四一〇〇

URL : http://www.suiseisha.net

印刷・製本――精興社

ISBN978-4-8010-0528-0